目標追逐者

追逐者

邢春如，王曉茵 編著

Goal
Chaser

提升
個人競爭力
的策略與行動

耐心與逆境中的生存法則，
適時釋放壓力，
教你如何從脆弱走向堅強

實現個人的成長和成功
開發潛能，應對生活中每一個挑戰
擁抱正面的心態，追求個人目標
堅定信念，不畏艱難地邁向理想生活
走出舒適圈，探索新的可能性

目錄

目錄

前言

　　心態決定一切！智慧創造一切！這是一個人人追求成功的時代，心智的力量具有創造成功態勢的無窮魔力！即具有成功暗示的隨著靈感牽引的成功力。

　　美國著名成功大師戴爾‧卡內基（Dale Carnegie）說：「只要你想成功，你就一定能夠成功」。

　　美國著名潛能學權威安東尼‧羅賓（Anthony Robbins）說：「成功總是伴隨那些有自我成功意識的人！」

　　其實也是這樣，如果一個人連敢想、敢做的心理準備都沒有，那還談何成功呢？

　　成功是一種無限的高度，成功是一種追求的過程。可是很多人不敢去追求成功，不是他們追求不到成功，而是因為他們心裡面預設了一個「高度」，這個高度常常暗示自己的潛意識：成功是不可能的，這是沒有辦法做到的。

　　「心理高度」是人無法取得成就的根本原因之一。人生要不要獲得跳躍？能不能跳過人生的高度？人生能有多大的成功？人生能否實現自我超越？這一切問題並不需要等到事實結果的出現，而只要看看一開始每個人對這些問

題是如何思考的，就已經知道答案了。

在人生追求成功的過程中不可能沒有障礙，但只要有智慧相伴，我們就可以從人生的谷地走出，攀援到人生的峰頂。我們等待成功的到來，這種成功是伴隨智慧的人生紀錄，而每個人的智慧匯成了成功追求過程中最精彩的篇章和最動人的驛站。

在這個時代裡，我們需要有懂得成功智慧的熱切，需要有重視成功智慧的心智，需要有開啟成功智慧的行為。智慧不在我們成功旅程的終點，也不在寒不可及的高處，它就自然貯存在你的心靈，靜靜地等待你的開啟。

為了掌握開啟心智的金鑰匙，實現成功的財智人生，我們根據當今成功勵志的熱點思潮，編撰了本書。本書的內容縱橫，伴隨整個人生成功發展歷程，思想蘊含豐富，表達深入淺出，閃耀著智慧的光芒和精神的力量，具有成功心理暗示和潛在智慧力量開發的功能，具有很強的理念性、系統性和實用性，能夠造成啟迪思想、增強心智、鼓舞鬥志、指導成功的作用。這是當代成功勵志著作的高度濃縮和精華薈萃，是成功的奧祕，智慧的源泉，生命的明燈，是當代青年樹立現代觀念、實現財智人生的精神奠基之作，也是各級圖書館珍藏的最佳精品。

第一章

重視潛在的自我認知

要能海納百川

心理學教科書中沒有提到過這樣一種防禦機制，但這對於某些青年人來說卻是一種非常重要的防禦機制，這就是「去聖化」。這些青年人懷疑價值觀念和美德的可能性。他們覺得生活中人們欺騙自己或壓迫自己。他們大多數人的父母本身不是很高明，他們並不怎麼尊敬他們的父母。這些父母自己的價值觀念也是混亂的，他們看到自己的孩子的行為僅僅是感到很吃驚，從來也不懲罰他們或阻止他們做壞事。

於是，便出現了這樣一種情況，這些年輕人把他們的長輩看得很卑鄙，而且通常有確切充分的理由。這樣的年輕人已經由此得出一個廣泛的結論：他們不願意聽從任何大人的勸告，假如這位長輩說的話和他們從偽善者的口中聽到的一樣就更不願聽從了。他們曾聽到他們的父輩談論要誠實或勇敢或大膽，而他們又看到他們父輩的行為卻與此截然相反。

這些年輕人能夠將人還原為具體的物，卻不從人的象

徵價值或恆久意義看人，不去看人可能成為什麼。例如，
我們的青少年已經使性「去聖化」。性無所謂，它是一件
自然的事情。他們已把它弄得那麼自然，使它已經在很多
場合失去了它的詩意，這意味著它實際上已經失去了一
切。自我實現意味著放棄這一防禦機制並學會再聖化。

再聖化的意思是，願意再次從「永恆的方向」看一個
人，像史賓諾沙（Baruch de Spinoza）所說的那樣，或在
中世紀基督教的統一理解中看一個人。那就是說，能看到
神聖的、永恆的、象徵的意義。那就是以尊敬的態度看女
性，以尊敬所包含的一切意義看待她，即使是看某一個毫
不相關的婦女也一樣。

另一個例子：一個人到醫科學校去學腦部解剖。如果
這位醫科學生沒有敬畏之心且缺乏統一理解，把腦僅僅看成
一個具體的東西，那麼肯定不會學得很全面。對再聖化開
放，一個人就會把腦也看作一個神聖的東西，看到它的象徵
價值，把它看作一種修辭的用法，從它詩意的一面看它。

再聖化往往意味著一大堆會過時的談論 ——「非常
古板」，年輕的孩子們會這樣說。然而，對於諮商家，特
別是向老年人提供勸告的諮商家（由於人到老年這些關於
宗教和生活意義的哲學問題開始出現），這就成為幫助人

趨向自我實現的最重要途徑。年輕人可能說這是古板，邏輯實證論者可能說這是無意義的，但對於在這樣的過程中來尋求幫助的人，這顯然是非常有意義而且非常重要的，我們最好是回答他，否則我們就是沒有盡到責任。

綜上所述，我們看到，自我實現不是某一偉大時刻的問題。並不是說在星期四下午四時，當號角吹響的時候，你就永遠地、完完全全地步入萬神殿了。自我實現是一個程序問題，是許多次微小進展的日積月累。然而往往可以見到，來諮商者傾向於等待某種靈感來臨，使他們能夠說：「在本星期四三時二十三分我成為自我實現的人了！」

能選為自我實現榜樣的人，能符合自我實現標準的人，不過是從這些小路上走過來的：他們尊重自我；他們承擔責任；他們是忠誠的；而且，他們工作勤奮。他們能正確估價自己，他們是什麼，這不僅是依據他們一生的使命說的，而且也是依據他們日常的經驗說的。

例如，當他們穿一雙其他類型的鞋子的時候，他們的腳就會受傷，以及他們是否喜歡吃茄子，或喝了大量的啤酒是否整夜不露面等等。所有這一切都是真正的自我所含有的意思。他們發現了自己的生物學本性，先天的本性，那是不可逆轉的或很難改變的。

實事求是地生活

我們應該在兩種自我實現的人之間做出區分，若用更恰當的說法，應該是兩種程度。一種人是明顯健康的，但很少或沒有超越體驗，另一種超越體驗在他們那裡很重要，甚至具有核心的意義。作為前一種健康型的自我實現者，典型的人物如羅斯福夫人（Anna Eleanor Roosevelt），或許還有杜魯門（Harry S. Truman）和艾森豪（Dwight David Eisenhower）。作為後一種的典型，有阿道斯·赫胥黎（Aldous Leonard Huxley），或許還有施魏策爾（Johan Frederik Schweitzer）、布伯（Martin Buber）和愛因斯坦（Albert Einstein）。

我們發現不僅自我實現者能超越，而且不健康的人、非自我實現者也有重要的超越體驗。除自我實現者之外，你覺得你已發現有某種程度的超越，或許它還會更廣泛地發展，只要我們能有更好的方法和更明確的概念和理論。

不僅在自我實現的人中有對超越的認知，而且在有很高創造力或才華的人中，在很聰明的人中，在非常堅強的

人中，在強而有力而負責任的領導者和管理者中，在特別善良（有德性）的人中，在「英雄」人物 —— 那些曾克服逆境並由此而變得更堅強而不是更衰弱的人物中，也有這樣的認知。

超越型自我實現者是我所說的「高峰人物」而不是「非高峰人物」，是「說 yes 的人」而不是「說 no 的人」，是對生活採取積極態度而不是消極態度的人，是渴望生活而不是厭倦生活的人。

健康型的自我實現者主要是更實際、更現實、更入世、更能幹和更超凡脫俗的人，他們更多地生活在現實的世界，生活在缺失的王國，生活在缺失需求和缺失性的認知的世界。在這種世界觀中，對於人或物主要是以一種實際的、具體的、現實的、實用的方式來看待，當作缺失需求供應者或阻撓者對待，或作為有用或無用，有幫助或危險，對個人重要或不重要來對待。

「有用」既有「對生存有用」的含義，又有「從基本匱乏性需求（deficiency needs）向自我實現和自由的高度成長」的含義。更具體地說，它代表一種生活方式和一種世界觀，不僅由基本需求的系列所引起，而且也來自個人特有的潛能發揮的需求。前者需求包括單純的軀體生存需

求,安全和保障需求,歸屬、友誼和愛的需求,敬重和尊嚴需求,自尊和價值的追求需求;後者為同一性、真實自我、個體特性、獨特性、自我實現等需求。

　　換個方式來說,它涉及的不只是一個人的人類共性,而且還有一個人自己的特有潛能的實現。這樣的人生活在世界上,並在世界上達到自身的實現。他們能有效地掌握環境,引導環境,並最終利用環境達到有益的目的,例如健康的政治家或實務家的所作所為。這些人往往是「實幹家」,而不是沉思者或冥想家;他們是有效率、重實際的,而不是審美的;重視現實檢驗和認知,而不是重視情感和體驗。

　　另一類型的超越者可以說更經常地意識到存在認知,生活在存在水準;即目的水準,內在價值水準;更明顯地受超越性動機支配;或多或少地能經常有統一的意識和「高原經驗」(plateau experience)有或曾有高峰體驗(神祕的,神聖的,極度歡樂)的,並隨帶著啟示或卓識或認知,能改變他們對世界和對他們自身的看法。不過,這一切也許是偶然的,也許是經常性的。

　　可以公平地說,「僅僅健康的」自我實現者從整體上看能實現麥格雷戈(Douglas McGregor)Y 理論的期待。但

關於超越型自我實現的人，我們必須說，他們不僅已經實現而且已經超越或超過 Y 理論，他們生活在一種我們在這裡為了方便可以稱之為 Z 理論的水準上。而且，由於它和 X、Y 兩種理論同處於一個連續的系統中，三者可以形成一種整合的層次。

顯而易見，我們這裡討論的是非常錯綜的問題，而且實際上是討論的一般生活的哲學。延伸的和推論的處理部分需要寫多卷和多種著作。用基斯・戴維斯（Keith Davis）那非常方便的摘要表作為基礎，從理解角度而言，它是很不容易的。但任何真有興趣的人能從中或多或少地理解我們要傳達的意思。更擴充的討論可以在參考文獻的各個例子中找到。

最後需要謹慎的一點是，應該注意到這一層次安排留下了一個困難的有待解決的問題 —— 在以下漸進順序或層次之間的交迭或相關的程度：

需求的層次系統（能歸結為艾瑞克森（Erik Homburger Erikson）年齡系列中的危機，或以年齡不變為條件）。基本需求滿足的漸進過程，從嬰兒期，經過童年期、青年期、成年期，到老年，但在任何時代都一樣。生物學的、種系的演化。從疾病（萎縮，發育不全）到健康

和豐滿人性。從生活在不良環境條件下到生活在良好條件下。從成為體質上或整體上的一個「劣等樣品」（就生物學者的用語說）到成為一個「優等樣品」（就動物園管理員的用語說）。

顯然，在所有複雜問題面前，用「豐滿人性」這個概念代替「心理健康」的概念是很有必要的。因為前者能恰當地應用於所有這些變異情況而無困難，後者的含義甚至比通常的含義更不切實際。反過來說，我們又能用「人性或萎縮」這一概念來取代發育不全不成熟、不幸、病態、先天缺陷、貧乏等等。「人性萎縮」能包含所有這些概念。

勇敢面對困境

　　人生總有迂迴曲折，伴隨著你的成長過程，總會遭遇更多的挫折現實。在這些人生的轉折關頭，實際應該如何去看待，進而如何去應付，就全看你自己了。你可以把它當作是一種「挑戰」，你也可以像大多數人一樣把它當成是時運不濟、災難……而不想循更靠的道路再嘗試一次，並作為自己承認失敗的藉口。

　　在失望面前，你必須學會堅強起來，冷靜面對失望。

　　失望與快樂，都是人生的一部分，重要的是，如果你今後在希望落空時，不能把它視為僅是一時的退卻或應該克服的考驗，反而當作是毫無道理的大失敗，那麼你將被失敗所擊潰！這一點你應該銘記在心。只有當你甘心承受失敗，並且失去再嘗試的意願時，才是真正的失敗。

　　很多人要是沒到大難臨頭，往往不會發揮出他強大的實力。除非不幸的悲哀、喪家的痛苦及其他種種創傷足以打動其生命核心，不然，他內在的潛力是不會被喚起的。

　　有許多年輕人，遇到障礙的時候，便對所追求的職業

心灰意冷。他們退縮下來，說命運是冷酷的，逐漸地變成膽小的人，這實在是很遺憾的事。真正重要的，並不是我們人生中的偶發事件，而是我們如何面對這些偶發事件，並創造各種不同的人生，絕不能因為命運而阻礙了自己的前途。面臨困境時，就是你向命運挑戰的時候，要有拒絕失敗的勇氣。當然，打消念頭，退縮放棄是很容易的，多數人在日常生活中也證實了這一點，但是這些人恐怕不是你所希望成為的。拒絕失敗的人，在一個地方吃了閉門羹，會敲另外一扇門，一次又一次不斷繼續敲門，一直到被接受為止，在年輕時能學習這樣處世的人，應該沒有不獲得大成功的。

雖然我們沒有辦法都成為皇帝或女王，但我們真正沒有辦法達成的願望大概也只有這個了。只要抱持著積極應付人生「迂迴曲折」的心理，其他的願望幾乎都在伸手可及的範圍內。反覆地對自己說：「我一定會勝利！我一定會勝利！」不知不覺中，你的心便會自動地指示你下一步應該進行的步驟，因為你的心在基本上會把你所收集來的事實綜合研判後，再提出必要的解決方案。

檢驗一個人的品格，最好是在他失敗的時候，看他失敗了以後將要怎樣。失敗能喚起他的更多的勇氣？失敗能

使他發揮出更大的努力嗎？失敗能使他發現新器量，挖掘潛力嗎？失敗了以後，是決心加倍的堅強還是就此心灰意冷？

愛默生（Ralph Waldo Emerson）說：「偉大、高貴人物最明顯的象徵，就是他堅韌的意志，不管環境如何惡劣，他的初衷與希望不會有絲毫的改變，並將最終克服阻力達到所企望的目的。」

跌倒以後，立刻站立起來，向失敗奪取勝利，這是自古以來偉大人物的成功祕訣。

有人問一個小孩，怎樣才能學會溜冰。小孩回答：「每次跌倒之後，立刻爬起來！」

切斯特菲爾德爵士（Lord Chesterfield）指出：「促使個人成功或軍隊勝利的實際上也是由於這種精神。跌倒算不得失敗，跌倒後不站起來才是失敗。」

過去生命對於你，恐怕是一頁頁創痛深刻的傷心史！

在檢閱過去的一切時，你會覺得你處處失敗，碌碌無為！你熱烈地期待著成功的事業竟不曾成功；你所愛的親戚朋友甚至會離棄你！你會失去職位，甚至會因無法維持家庭而失去你的家庭！你的前途，似乎是十分慘淡和黑暗！然而，雖有上述各種不幸，只要你不甘心永遠屈服，

勝利就會向你招手並等待你的到來。

　　要善於檢驗你人格的偉大力量。你應該常常捫心自問，在除了自己的生命以外，一切都已喪失了以後，在你的生命中還剩餘些什麼？即在遭受失敗以後，你還有多少勇氣？假使你在失敗之後，從此振作不起，放手不做而自甘屈服，那麼別人就可以斷定，你根本算不上什麼人物；但假如你能雄心不減、進步向前，不失望、不放棄，則人家可以知道，你的人格之高、勇氣之大，是可以超過你的損失、災禍與失敗的。

　　或許你要說，你已經失敗很多次，所以再試也是徒勞無益；你已經跌倒得次數過多，再站立起來也是無用。對於意志永不屈服的人，絕沒有什麼失敗！不管失敗的次數怎樣多，時間怎樣晚，勝利仍然是可期的。

　　狄更斯（Charles Dickens）小說中所描寫的守財奴司克拉（Serooge）在他的暮年，忽然能從一個殘忍、冷酷、愛財如命，整個靈魂幽禁在黃金堆中的人，一變而為一個寬宏大量、誠懇愛人的人，這並不是狄更斯腦海中的憑空虛構，世界上真的有這種事實。人的本性，可以由惡劣轉變而為人良善；人的事業，又怎麼不會由失敗轉變為成功？報章中常有記載，或親身見聞，有許多男女努力把

自己從過去的失敗中拯救出來，他們忘記失敗，奮力拚搏，終於獲得成功。

有些人雖然已喪失了他們所有的一切，然而他們還不算是失敗，因為他們仍然有著不可屈服的意志和永不頹喪的精神。

人格偉大的人，對於世間的成敗榮辱，不甚介意。雖然災禍和失望頻頻降臨，然而他總能超越和克服它們，並且從來不會失卻鎮靜。在暴風雨猛烈的襲擊中，心靈脆弱的人唯有束手無策，而他的自信精神卻依然存在；偉人可以克服外界的一切干擾，使之不為害於己。

什麼是失敗？不是別的，失敗只是走上較高地位的第一臺階。許多人之所以成功，就是受賜予先前的屢屢失敗。假使他沒有遭遇過失敗，他恐怕反而無法得到大勝利。對於有骨氣、有作為的人，失敗反而足以增加他的決心和勇氣。

對於那自信其能力，而不介意暫時成敗的人，沒有所謂失敗！對於懷著百折不撓的意志、堅定目標的人，沒有所謂失敗！對於別人放手而他仍然堅持，別人後退而他仍然前進的人，沒有所謂失敗！對於每次跌倒立刻站起來，每次墜地反會像皮球一樣跳得更高的人，沒有所謂失敗！

勇敢面對困境

　　如果在連續三次跌倒之後你還能頑強不息地奮鬥，那麼你就可以不必懷疑自己在選定的領域內可能成為一位傑出人物。

　　社會是現實的，就如同厄運連連的公司一般，有些人的生活過程當中哀傷、煩惱接踵而至。任誰也無法了解其中的因由。你可以怨恨人生的不公平，可以自憐自艾；然而，你也可以認真地吸取教訓，伸直腰桿，挺起胸膛，勇敢去面對個人的抑或是職務上的種種無可避免的問題。這個主導權還是在於自己，重要的是，必須抱持不迴避問題的信念。如果舉目所見，自己已深陷於問題的叢林之中，便要鼓足勇氣面對困難，深思熟慮地籌劃「絕地大反攻」。不然，必會自溺於現狀，終日捶胸頓足，唉聲嘆氣，無所事事。

　　威廉‧波里索說：「生命中最重要的一件事，就是不要把你的收入拿來算做資本，任何傻子都會這樣做。但真正重要的事是要從你的損失裡獲利，這就需要有才智才行，而這一點也正是一個聰明人和一個傻子之間的區別。」另一位哲人指出：「逆境是人生的寶藏。」稍遇挫折，身處逆境，就一蹶不振、停滯不前的人絕不會成功。

　　人生中有很多障礙或苦難，同時所有的苦難都藏匿著

成長和發展的種子。但能夠發現這種子，並好好培養出來的人，往往只有少數。這些人到底是怎樣的人呢？

第一，決心克服苦難。沒有這種決心的話，不管再怎麼說「苦難才是機會」，也只會變成以另一種苦難結束的悲劇。

第二，能夠認為苦難才是機會。沒有這種想法，苦難會帶來更多的苦難。

美國的愛荷華州常常發生颶風，在該州的中央大學擔任過校長的拉爾帕司先生，看到一整所大學遭到大風沙侵襲，幾乎快被毀壞。這時他反而想利用這個機會改善校園的環境，那麼他到底是怎樣做的呢？

1930 年發生了一次大旱災，含腐蝕性的乾燥的風沙吹遍了整個平原。農場裡的玉米和麥子都死光了，大學校園也受到很大的損害。這所大學的財政本來是依賴附近的農民，但因農民收入較少原本就不勝負荷，加上這次災害，農民的困難可想而知。

但是，拉爾帕司博士（校長）知道：「所有的危機中，都藏著解決問題的關鍵。」也就是說他感覺到這次的災難，是一個告訴東部成功的實業家或富豪們關於自己學校的困境的最佳機會。

因此，拉爾帕司博士把東部成功的實業家和富豪召集到一起，講道：「我們過去經常受到農民們的支持，除了他們之外，我們一直沒有向任何人要求幫忙。當農民們把自己的子女送到平靜的愛荷華州的城市來接受教育時，他們也感到很高興。他們雖然本身沒有任何責任，可是他們卻一直幫助著我們。你們能不能幫助我們呢！」

這個要求很快得到反響，東部的有錢人都慷慨地提供援助，後來他們的援助和關心，連續了好幾十年。碰到危機時，一部分人會陷入恐怖狀態，另一部分人反而會利用這個機會，來為自己製造成功。這種差別才是決定是否可以改善人生的決定性的差別。

我們應記住，不管怎樣不利的條件，只要我們能正確處理的話，都可能把它轉變為有利的條件。

在歡喜狀態時，人們大都不會自我反省，也沒有上進心，也就是說成為忘我的狀態了。相反的，在有苦難或挫折感時，倒經常會有反省和上進心湧出來，因此反而有抓到真正的幸福和歡樂的機會。

那麼，把痛苦變成機會，或者是變成恐慌狀況，這種差別到底是由什麼決定的呢？是由當事人的決心和態度決定的。有一句話說得好：「跌跤之後，不要空手爬起來。」

這種態度才是最重要的。

我們必須對人生道路上的曲折和困難有個充分的認知和心理準備。由於人們世界觀的差異，認知水準的不同以及所處的客觀環境的不同，於是形成了獨特的人生之路。但是不管人們的生活道路有何不同，有一點卻是共向的，絕對筆直而又平坦的人生路是不存在的。因為，事物的發展是螺旋式或波浪式的發展過程。所以。人生道路的延伸也是直線和曲線的辯證統一。一個人今天行走在直路上，明天則可能走在彎路上。我們在遇到困難和身處逆境時，不要茫然不知所措、灰心喪氣，也不應因一時的挫折而輕言放棄，應該相信，風浪後將是平靜的海洋、坎坷後面將是平坦大道。

青年人在其成長過程中遇到的逆境常見的有：理想與現實的矛盾，人際交往的障礙，學習上的困難，情感生活的困擾，競爭的失敗等等，說到底，就是人在這些方面遭受了挫折。這些無疑成為我們成長過程中的障礙和阻力。既然「人生不如意十之八九」，那麼擺在我們面前的任務是克服困難，超越逆境，開創人生新天地。正如巴爾札克（Honoré de Balzac）所說：「世界上的事情永遠不是絕對的，結果完全因人而異，苦難對於天才是一塊墊腳石，對能幹的人是一筆財富，對弱者是一個萬丈深淵。」

　　逆境是人生的寶藏,逆境可以使人奮進,走出迷誤,校正人生;逆境能磨練人的意志,獲得前進的動力;逆境能使人思考生活,思考人生,昇華思想;即將逆境中的壓力、阻力及摧毀力變成人生道路上的推動力。只有有準備的頭腦,才能挖掘逆境這寶藏。有準備的頭腦和正確的態度就像是金屬探測器。

　　所以,當我們遇到了挫折時,不要灰心喪氣,要找出原因,使挫折轉化為順利,應努力把困難和逆境變成人生的財富,變成成功的墊腳石。

　　在人生的道路上,逆境的出現是常有的事。從一定意義上說,人的一生,都會遇到不同程度的逆境。當然對具體人來說,逆境的出現有著時間上、內容上的區別。當然,遇到了麻煩,出現了逆境,只要正確對待,堅持積極的態度,逆境是可以擺脫的。美國作家愛默生曾說:「逆境有一種科學價值。一個好的智者是不會放棄這種機會來學習的。」劍橋大學教授 W.B. 貝佛里奇(William Beve-ridge)在《科學之路》(*The Art of Scientific Investigation*)一書中說:「人們最出色的工作往往處於逆境的情況下做出。思想上的壓力,甚至肉體上的痛苦可能成為精神上的興奮劑。」

在對人生道路的審視方面，光有樂觀主義的態度還不夠，就是說，人要善於把人生道路上的障礙、坎坷想得多一些，因為在心理上做了準備，即使逆境發生，也能沉著應變。如果只是憑著美好的願望來判斷人生，那麼一遇坎坷，就會出現心理上的「滑坡」。

從實際情況來看，有時候出現的逆境是突如其來和超出想像的，人們似乎很難事先就預料到，這在人生旅途中是很多見的。而對這種突如其來的逆境往往會出現嚴重的心理失衡並且並生劇烈的心理衝突。應當說，這種心理上的震顫和失衡是不可避免的。相反，人們對突兀而降的災難或打擊，在心理上毫無反應，也不能說是正常的現象。

那麼逆境出現以後該怎麼辦呢？從心理上說，就是要沉著、冷靜、從容、果敢、不灰心、不氣餒、不怨天尤人。要做到這一點，應當特別重視磨練自己的情感，以便使情感能適應各種不利情況，換句話說就是力爭使自己不會在情緒情感上出現大的波動。這裡所說的情感，是指人們在社會活動中對客觀事物所持的態度的體驗，在社會實踐中情感又常常會打上很深的社會烙印，這裡面包括社會經歷、社會習慣、社會認知和各種社會感受。因此，青年人在情感上的鍛鍊，具體表現為要不斷豐富自己的社會經

歷，並且善於總結經驗特別是失敗的教訓，同時還要養成良好的社會習慣，樹立正確的社會認知標準，培養健康的社會感受。

人們面對逆境，最初需要的是盡快實現心理上的平衡，驅趕掉心理上的陰影，但這絕不等於這樣就可以安然無恙地度過逆境了。逆境是一種實在的現象，因此，超越逆境的心理條件必須建立在對心理結構進行全面調適的基礎之上。要想不被逆境打倒而戰勝逆境，需要創立一種新的心理環境，採取切實的心理技巧。

新的心理環境包括積極樂觀的心態，昂揚不懈的鬥志，嶄新而充滿活力的精神風貌，深刻而正確的思維方式，堅定而頑強的意志特徵。這些良好的心理因素是一種內在的心理條件。

只要不讓往日的失敗阻止自己，限制自己，我們也能掙脫緊張與壓力的重擔。我們只要充滿著信心，往當前的目標邁進，必能擺脫失敗的羈絆，超越生活中的困擾。

人生處處都可能碰到逆境，逆境是把雙面刃，它既能使人堅強，也會使人脆弱，關鍵在於你怎樣對待逆境。成功的人士大都能充分意識到逆境的積極作用，並善於把逆境轉化成駛向成功的動力。

第一章
重視潛在的自我認知

　　逆境並不都是壞事，關鍵是能否正確的對待它，勇敢
地駕馭它。強者之所以是強者就是因為他們勇於面對逆
境，不逃避，不屈服，冷靜地面對逆境。逆境使強者產生
挫折感，而強者在挫折後能夠冷靜地思考逆境的根源，思
考如何避免逆境帶來的災難。於是想辦法補救或改善，實
在改變不了就另闢蹊徑，這便是逆境中產生的創意思考。
正所謂：「苦難是人生的老師」，逆境使強者學會了思考。

　　逆境是不順利的境遇，會帶來不愉快甚至是痛苦。但
是，思想上的壓力，甚至肉體上的痛苦都可能成為精神上
的興奮劑。很多傑出的人物都曾遭受心理上的打擊以及形
形色色的困難，若非如此，也許他們是不會付出超群出眾
的勞動以及做出超群出眾的成績的。只有刻骨銘心的失敗
才能夠激起一個人成功的欲望。那麼為什麼逆境會使強者
做出一般人做不出的成績呢？首先，逆境引起人的痛苦。
心理學研究顯示：「痛苦可以促使本人去設法改變引起痛
苦的處境或解除引起痛苦的原因。」逆境中強者雖痛苦，
但是他們會忍住痛苦去戰勝逆境，去改變逆境，使自己從
痛苦中解脫出來。其次，逆境引起人的憤怒，憤怒可以轉
化為一種內驅力。逆境引起人的憤怒，有的是直接的，比
如有人故意誣陷自己而使自己憤怒；有的憤怒是由痛苦轉

化而來的。心理學研究顯示，過分的痛苦可以轉化成憤怒和仇恨。憤怒和仇恨是否定性積極情感，積極情感可以使人產生活力，成為一種強大的內在動力，支配人產生積極的行為。

心理學認為，需求是人的心理活動的原動力，人的一切活動都是受需求支配而產生的，人的生命不息，需求不止，人若沒有了需求，生命也就停止了。但是由於人的需求受到社會的制約，個體需求的產生發展與滿足需求的方法都要受社會的物質條件、文化條件、道德和法律的制約。只要滿足需求的方法是合理的，個體需求就是適應社會的，就是無可非議的，這樣，就使人們在適應社會要求的情況下希望盡量滿足自己的需求。但是，逆境阻礙了人的合理需求的滿足，社會使人產生挫折感。例如，貧困使人的物質需求的滿足受到限制；個別人的誣陷、誹謗使正直者自尊需求的滿足受到阻礙和破壞，這些都會使受阻者產生挫折感。在挫折面前，弱者會自暴自棄，而強者卻認為自己的合理需求應該得到滿足，所以與逆境抗爭。這種抗爭使強者產生了巨大的行為動力，最終以戰勝逆境使自己的合理需求得到滿足為止。

強者能勇敢地面對逆境，勇往直前。因為他們知道沒

有勇敢就無法戰勝逆境，失去勇敢就失去了一切。歌德（Johann Wolfgang von Goethe）這樣說過：「失去金錢損失甚少，失去健康損失甚多，失去勇氣損失一切。」強者勇敢地承擔社會對自己提出的過高要求，自覺約束自己，逐漸適應了這種社會逆境。在與逆境的抗爭中，也由困惑，缺乏經驗，情緒難平逐漸到清楚成熟、情緒平靜，增強了對逆境的適應能力。在與逆境的抗爭過程中，都使個體的毅力得到了鍛鍊。毅力是個體堅強的意志品格，它是三種意志品格的綜合：包括意志的自覺性，即行為有特定目標；自制性，即能克制自己不利於特定目的的實現的不良心理；堅韌性，即能自始至終地為實現目標堅持到底，逆境為強者設定了阻力，使強者感到苦，感到累，感到厭煩和失望。但強者畢竟是強者，他們反而在逆境中鍛鍊了自己各方面的品格。

逆境是主體以外的因素，是主體自己不能控制的，它反倒會控制主體，主體在逆境中產生挫折，會有一種被人擺布，任人宰割之感，這就使主觀能動性很強的強者產生要主宰自己命運的切身感受和需要。每一個立志做一番事業，立志成才的人，都是自己命運的主人，認識自己，調節自己，提升自己都必須是由自己親自操作的。

減輕持續不斷的緊張感

調整節奏和速度可以提升工作效率和減輕持續不斷的緊張感。在工作場所，情緒、氣氛和環境因素的一成不變是不適當的。在一定環境中，情緒是一個很重要的方面。只有當人們在一起工作時感到愉快，才能取得積極的、滿意的效果。相反，緊張的、不愉快的情緒也能在工作或人際交往的行為中反映出來。對工作場所的不滿意等消極的情緒，可以影響或融於一種氣氛，這種氣氛會使人們產生逃避的願望，沒有人願意生活在惱人的氣氛中。

在工作中，如果你所看到的、接觸的和聽到的一切事情令人生厭，你就更能感到導致緊張情緒產生的環境力量。如果你置身於緊張的工作環境中，只要你留心，就會從同事們說話的語調中察覺到緊張充滿了工作場所，有時人們表現出來的感情是如此強烈且各式各樣。

緊張的情緒來自於工作環境，反過來又影響環境。心情惡劣時很容易誇大緊張的程度。如果你的上級並不支持或欣賞你的工作熱情和努力，如果他們總是下達錯誤的、

不合適的決定而忽略你的一切反應，甚至也不注意你的成績，那麼你會怎樣想呢？痛苦？憤怒？不錯，對於有些人，憤怒是發洩壓力的途徑，而在另一些人那裡，壓力則導致了厭煩和麻木不仁。所有這些都是對工作狀況不滿的一種強烈的消極反應。

進一步說，如果上級不僅忽視你的工作成績，甚至還尋找機會批評你，那麼你的內心更增加了「被忽視」和緊張的感受。許多人會降低自尊心，產生憤怒或退縮的消極反應。

綜上所述，種種反應展現了在工作中能引起的情緒障礙的範疇。任何緊張都為環境帶來影響。一個氣味相投、富有合作性的氣氛，能緩解緊張並使工作具有吸引力和充滿愉快、積極的環境使人產生愉快、和諧的感受，使人比較寬容。消極的環境使人感到周圍充滿敵意、怨恨、厭煩、痛苦或遲鈍。對情緒健康的環境與一個消極的、破壞性的環境之間的差異進行探討是很重要的，它將使你能夠分析出，情緒變化與你產生緊張因素的關係。假如你想弄清緊張是如何從工作環境中產生的，那你就下列問題向自己提問，答案將有助於你揭示工作中的氣氛是積極的還是消極的。

你和你的同事們都有工作欲望嗎？人們在工作時常談論下班嗎？在工作中，人們出差錯嗎（較高的失誤率是消極情緒的一種跡象，由於壓力的影響，人們比平常更易犯錯）？你或你的同事頻繁地更換工作嗎（失業的高比率是緊張或其他消極影響的一個指標）？人們憂鬱嗎？你和你的同事們覺得不被賞識或受到輕視嗎？你的思維常有反覆性嗎？

如果你不能確定怎樣回答其中的某些問題，你可以去問你的同事們。如果對大多數問題回答「是」，那麼就說明，你備受消極情緒影響之苦，說明在你的工作環境中，瀰漫著消極氣氛。假如你要緩解或解除緊張，就必須消除產生緊張的環境。

那麼，為使這種氣氛轉變為充滿積極和愉快內容的氣氛，你能做些什麼呢？答案是兩個簡單而又尖銳對立的原則。了解這兩個原則，將為你在工作中初步改善情緒氣氛提供必要的基礎。

第一個原則是：表揚、友愛和讚揚、鼓勵以及支持對人們具有極大的影響。人們樂意因為工作好而受到表揚，人們喜歡受到別人的注意、希望別人評價自己的優良品格。的確，一直自我感覺良好的人也傾向於對別人友好。

如果我們尊重和欣賞自己，我們也就尊重和欣賞別人。這一點你可以用簡單的自我提問來檢驗自己。當你工作得力，你是否喜歡被注意和被讚揚？如你回答「是」，那麼你就清楚了第一原則的要點。

第二項原則是非常不同的：批評、輕視，傲慢、敵視、無禮等，這些消極情緒和行為對人們的消極影響是長久的，所產生的後果也是難以消除的。因為當人們受到批評後，他們總懷疑自己的能力和自我價值。有時這種消極的自我認知，可以導致對環境的防禦和敵視態度。舉例說，一個常被上級批評的工作人員，他就會在所有寄出的公函中製造微妙的錯誤，以此報復上級對他的傲慢和輕視。這種報復不總是公開的，但這些行為卻常跟他所受到的不公平的待遇形成反作用，而無助於問題的解決。

這兩項原則為如何達到一個積極的、健康的工作氣氛提供了基礎。第一項原則的關鍵是你需要做的、需要創造的氣氛。第二項原則是一種警告，告誡人們不應做的事情。批評和敵視是使人們感到自己的工作欠佳的方法。創造出一個積極的氣氛，能產生工作意願，也可以防止嚴重的緊張反應。當周圍的氣氛和情緒是積極的和支持的，人們都較容易克服緊張或從緊張中恢復。一個溫暖而愉快的

工作環境可以比較容易地克服緊張。很明顯，這樣一個支持性、放鬆的情緒氣氛，確實能減少人們對少數緊張源的反應。當人們對自己或工作等感覺良好，即使他們面臨一些較嚴重的困難時，他們也不可能發生驚恐反應。

積極的工作氣氛猶如抵禦緊張的防線。每天，我們每個人都有各式各樣的工作需求 —— 分配任務、時間和生產的進度表、商議期限等等。這些需求是各不相同的和非常特殊的。一個緊張者的特殊需求可能是閱讀。有時在緊張狀態中，用一天或整天的時間閱讀，有利於身體的恢復。但在其他時候，有時相同的環境可以產生出非常不同的結果。某種需求或責任感可以緩解那些無言或無意義的，小的或不會觸發的緊張反應。所不同的是，身體反應是對許多因素綜合的應付。在能對情緒環境產生深遠影響的諸因素中，最重要的是經驗。積極的、愉快的感情對同事們來說，確實能減少或消除稱之為緊張的東西。

當你的感覺是積極的，那麼朋友或同事就不得不分享你的感情。我們所有人都喜歡真實資訊。有些研究結果顯示，如果某個資訊具有最大限度的積極的效果，它就必須盡可能快速傳遞。如果一個稱讚或肯定的意見被長時間耽擱，我們希望表揚的那個人就會在反饋到達之前就開始感

到洩氣和失望。這樣一來，我們的表揚如同虛設，減少了積極效果。

你的肯定評語越顯親密，你的僱傭人、共事者從你真誠的讚揚中得到的也就越多。切記，積極肯定的立即反應，將會產生最佳的效果。

當你對他人的所作所為已感到快樂時，如果此事是涉及一種特殊的行為和工作的話，那麼你的讚揚極有可能為他人所接受，為他人所欣賞。

增強感情氣氛的有效做法：稱讚必須是真誠的。不誠心的、虛偽的稱讚常常產生相反的效果。唯有真誠、坦率的肯定才能真正使對方對自己感到滿意。

當我們開口談話，傾聽者就竭力抓住我們談話的整個內容以及褒貶措辭的意思。如果我們希望談話內容得到對方的尊重和採納，那麼談話內容和措辭就應當是適當的。也就是說，措辭與內容相吻合。假如我們以粗魯和諷刺的口氣對別人談話，卻充滿恭維過獎之辭，這就會深深地傷害對方。實際上，當談話者不能恰如其分地表達自己的意思時，傾聽者則胡亂猜測對方的意思，並根據自己的感覺去理解和判斷。另外，措辭與語意之間的矛盾易導致別人的不信任。

　　這種做法的關鍵在於不說違心話。假意讚許效果是極消極的，會破壞人們相互的信任感，破壞人與人之間的相互尊重，如果你並不想稱讚別人，就應當避免用虛偽的褒義詞來掩飾自己的不滿。在這種情況下，緘口比美言顯得更有誠意。

　　我們反對虛偽的感情。假如你並不願對別人大加讚賞，那麼保持沉默就比違心的讚揚好。這並不意味著我們對自己的感情不誠實，也不意味著對有過失的一方不可以批評。但批評從來不是改變他人行動的最好辦法。如果你去強調他人積極的一面，而不是一味地指責，可以達到更好的效果。

　　而且，詳盡地數落別人的失敗或不好的表現是無意義的。毫無疑問，犯了錯就必須承認，但真正糾正錯誤、改正錯誤，只有當人們被鼓勵著去繼續做或不斷發展自己積極工作一面的時候才會出現。導致這種現象的根本原因在於——積極肯定的反應被視為獎勵並且是促進積極行為的因素。另一個原因是肯定的評語能使人感覺到自己更有能力，從而產生繼續做好的決心和信心。適當的讚揚增強了人們的自尊心並且幫助我們竭力表現出最大能力。相反的，批評容易使被批評者感到難堪、削弱被批評者的自尊

心。有些研究顯示批評過多與工作人員失職率成正比。許多受批評的人在工作中失誤率也高。如果你希望製造一種積極的感情氣氛，那麼就要注意和他人建立相互支持的交往關係，強調積極的能導致成功的因素，並及時用準確的語言進行讚揚。

假如我們受到輕視、侮辱和指責，我們就會產生沮喪心理，就會以為自己因不能勝任工作而要面臨失業。

在工作中促進積極感情氣氛這一概念的意義在於，如你期望得到下屬和同事的支持，首先要做出表率。去發現他們的優點並且明確地告訴他們所欣賞之處。這不意味著你總是附和他們，而是說明你理解他們之間的關係並且尊重他們。只有當大家感到有一分相互支持的力量時，他們才能體驗一種同舟共濟的感情，這種價值既能有助於提升工作效率，也能產生輕鬆、和諧的感情。

如果你對自己厭棄，也就難以使他人感覺愉快。與自己過不去的人一般易於刁難他人，易於產生敵視態度，待人妄自尊大，而自己情緒卻常常消極低落。那些自我感覺良好的人則感覺到自己的力量和成功，並且更容易發現、肯定他人身上的優點和才能。與其說工作中積極的感情氣氛的增加在於你自己，不如說熱愛自己、尊重自己才是改

變他人行為的首要一步。

除了把你的注意力放在積極行為以外，還有一種擺脫沉重的消極循環的最佳方法，就是再次分析缺點、錯誤的含義。當他們做錯了事總是自暴自棄，但在這之中常常暗存一種抱怨以及對一種完美的結局的期望。假如我們在心裡想像我們必須成功，那麼我們會竭力去想最壞的可能，或是陷入自我悲哀之中。假如你能在犯錯的情形下放棄過多的自我責備和自我懲罰，那麼透過分析犯錯因素則可重新振作起來。

這一做法的關鍵在於弄懂某種事物的多種關係。你不可能成為唯一「正確」的人。實際上，「正確」的東西總是相對的，有時是自我斷定的。

犯錯就是給出一個不正確或不希望出現的回答。人們往往都有這樣一個明確的認知，基於你自己對過失的認知，就有可能避免惡劣的消極循環。你所需要做的就是以新方法反省自己的錯誤而不是把過失看成是絕對的失敗或缺乏能力的象徵。要不斷思索，失敗只是增加了了解自己的時機，要了解出現失敗的內部因素。

把糾正錯誤看成進一步了解自己的機會，能幫助自己更現實地對待生活中的難題。不僅如此，還有別的有利方

面。對自己以及自己的言行要光明磊落，心胸坦蕩，這會
使你自己更易接近他人。你會發現自己的反應是及時的、
正確的，並且他與你自己本身的意願內容一致。你也會發
現你更有可能鼓勵、支持他人。這樣做的結果是你將在積
極工作氣氛中發揮重要作用，而這種積極的工作環境將使
你自己以及你的同伴減少甚至完全避免緊張的產生。

追尋喜愛的工作

有一種福音歷史比其他任何福音更悠久，它還沒有被人所傳播，它是不可言說的，但是，它卻根深蒂固、萬古長存。這種福音就是：工作，會為我們帶來幸福安寧，會為我們帶來健康快樂。

人的內心深處潛藏著一種活躍的精神，一種工作的力量 —— 它像一股潛伏的活火在燃燒，如果你不把它的能量及時釋放，如果你不用你周圍有益的事實把它記錄下來，那麼，你的靈魂就無法得到安寧。

這團活火、這股力量是毫無秩序的，它就像是一塊荒蕪的田地，你必須使它有序、有規則並且適合於耕種；你必須使它順從於你，為你結出碩果。如果你在哪裡發現這種精神和力量是混亂無序的，哪裡就會是你永恆的敵人，敏捷地攻擊它，去征服它，使得它有序，我們的臣僕不應該是混沌的，而應當和你一樣，是充滿睿智和神性的！你前進道路上的荊棘必須清除，再種上一些有用的花草，或者一些有營養價值的作物。那些毫無用處的灌木一樣的棉

花，採集它們的花朵，進行紡織加工，它就不再是毫無用處的垃圾，而是可以製成織物，供赤身裸體的人類享用。

但是，至關重要的是，如果你在哪裡發現了愚昧無知、心狠歹毒——不錯，不管這裡是有還是沒有教堂的什一稅和教士帶的鏟形寬邊帽，不管這裡有還是沒有托爾福德馬漢的版權，也可能這裡只有地牢、絞刑架和十字架。但是，你要向這裡發起猛攻，只要你還活著，而且只要這種狀況還存在，你就要頭腦清醒地、不知疲倦地和永無止息地發起攻擊。你要以上帝的名義向它發起衝鋒，衝鋒！就我所知，至高無上的上帝用你可聽的感覺控制著你；如果你側耳傾聽，你仍然可以聽到上帝的聲音。上帝，也就是沒有發出任何聲音的上帝，他比西奈半島上的任何霹靂或旋風更讓人敬畏。

難道深沉地沉默著的永恆，難道沉默著的晨星之外的世界，不是在時時與你對話嗎？難道未來的時代，難道由於年深月久開始碎裂、曾經浸漬它的淚水已經乾枯的古代墓碑，不也是在對你傾訴嗎？誰的耳朵沒有聽到這種聲音呢？深沉的死亡的王國、永不停息地運轉的星星、永恆的空間和永恆的時間，不是時時在向你提出無聲的警告嗎？當它們今天向你發出召喚時，你也應該和以往的人們一

樣，努力地工作。因為當黑夜降臨的時候，人們就再也不能工作。一切真正的工作都是神聖的。只要是真正的雙手勞動，一切的工作都有幾分神聖性。勞動，像大地一樣遼闊，它的頂峰直達天國。額上的汗，直到腦筋上的汗，凡是克卜勒（Johannes Kepler）的計算，牛頓（Isaac Newton）的沉思，一切科學，一切口頭史詩，一切見諸實行的「英雄主義」、「殉道精神」，都是從這裡來的，直到一切人都稱之為神聖的那種「血汗的痛苦」！

　　如果這不是值得崇拜的，那麼，我們就要為「崇拜」感到遺憾了，因為這是到目前為止，天底下所發現的最為高尚的東西了。你是什麼人，竟然要抱怨你辛勤的勞作呢？請不要抱怨。抬頭看看，看看你們那些在上帝的天國裡的勞動夥伴：他們在天國裡活著，而且也只有他們在天國裡活著。他們是神聖的「不朽人物的隊伍」，「人類帝國」天上的衛兵。甚至在人類的微弱的記憶裡，只有他們才像聖徒、像神、像英雄那樣活得久長，只有他們才居住在廣袤無垠的「時間」裡。

　　對於你，上帝雖然嚴厲，但卻不是麻木不仁的，上帝是仁慈的，祂就像一個高尚的母親。像那位斯巴達母親，當她把盾牌交給兒子時，她說：「帶著這個盾牌，否則就

讓它停放你的屍首！」如果你在戰爭裡，保住你的盾牌，你也會光榮地回家，回到你遙遠的家。不必懷疑，你，在天國和深沉的死的王國裡，都不是外星人，你到處都是公民！不要抱怨，真正的斯巴達人並沒有抱怨。

你是什麼人，竟然誇耀你的懶惰生活，洋洋得意地炫耀你燦爛的鍍金設備，炫耀你豪華的墊褥，炫耀你睡得安穩的臥具呢？請往四面八方看看，如果不只是在「五月」市區裡，你哪裡還能找到一個懶惰的英雄、聖者、神，甚至於魔鬼？連影子都找不到。在天國、在地上、在下界的河裡，沒有一個像你這樣的。你是宇宙萬物中的一個怪物，只是五月市區的居民，只是這特別的世紀或半個世紀中的一個人物，世界上只有一個怪物，就是懶漢。

懶漢的「信仰」是什麼呢？他的信仰是：自然界只不過是一種幻覺，在這裡，狡猾卑鄙的乞丐和盜賊有時也會找到精美的食物；上帝只不過是一個騙局；人類和人的生活也只不過是一種騙局 —— 哎，哎，我們有誰能說「我確實工作過了」？我們中間那些對上帝最忠誠的人往往是那些最少貢獻的僕人，我們中間那些信仰最虔誠的人對這一點是心裡最清楚不過的。我們中間那些信仰最虔誠的人或許會像古代的悲傷而又虔誠的撒母耳（Samuel）一樣，

說：「我這一生的大部分時間都白白地浪費了！」但是，他除了「在公眾場合」承認這一事實之外，卻不採取任何措施加以補救，他仍然風度翩翩或者是毫無風度地到處遊蕩；這樣也導致了他的子孫喜歡遊手好閒，他們對從事紡織的斯賓勒斯和從事採掘的迪格爾斯說：「你們這些令人反感的傢伙太多了。」他們似乎還在幻想著更加富裕的黃金城，就像鐵釘由於重力作用一樣，他們在向著黃金城猛衝！

在現實生活中，工作的種類成千上萬，但是，其中特別適合某人的只有一種。如果他沒有選擇這特別適合他的一種，那麼他就選錯了職業。現在，許多職業對年輕人都具有很大的吸引力。如：軍隊、醫生、法律、新聞、工程師、銀行、鐵路、從商、農場等等。確實，這些職業讓人眼花撩亂，無所適從，難就難在做出正確的選擇。

那麼，年輕人怎樣去做選擇呢？在選擇時，他應該考慮哪些因素呢？要知道，這個時候可是人生的關鍵時刻，是人生的緊要關頭。做出選擇必須謹慎從事。如果做出了錯誤的決策可是要影響一生一世的。一步錯，步步錯。許多人正是因為在職業上做出了錯誤的選擇，而在生活中屢遭不幸。一個聰明的年輕人此時應該做到：順應自己的興

趣愛好、不違背自己的心願、不違背自己的直覺。造物主
會透過每個人的強烈的意願和嗜好來向他指明，哪一種工
作或職業是最適合他的。也就是說，一個人的志趣會告訴
他他適合做什麼。他的直覺往往是他做出正確決策的最忠
實、最可靠的嚮導。常識、直覺會幫助你對任何事情做出
反應、檢查和分析。或者說，會幫助思考。這是做出正確
和成熟判斷的最好辦法。

　　每一個人來到人世，都有著神聖的使命和職責。如果
他完成了這些使命和職責，對人生他也就無怨無悔了。這
就像樹葉和花朵，它們適時而開，到了時節就凋謝枯萎
了，但是它們了無遺憾，因為它們實現了自身的價值，它
們曾經美麗。

　　能夠意識到這一點，我們的工作或職業的性質也就不
重要了。任何誠實的勞動都是崇高和神聖的。不管我們
的衣服會被工作弄得多髒，不管我們的雙手會變得多麼
粗糙。

　　幾年以前，一個少年自殺了，因為他「生在一個雜貨
商家庭，命中注定要做一個雜貨商」。他的這一行為說明
他的靈魂不配享有雜貨商這一職業的尊嚴。因為並不是這
一職業使他墮落，而是他自己的靈魂使這一職業蒙受了屈

辱。不管是體力勞動還是腦力勞動,所有誠實賺錢的工作都是光榮的。即使是十指沾滿灰塵,然而心靈仍然是純潔的;因為貶損人格尊嚴的與其說是肉體上的灰塵,不如說是靈魂上的骯髒。好逸惡勞遠遠過於臉上的汙垢,邪惡陰險遠遠過於手上的銅綠。

以其才智過人而被稱為聖人的柏拉圖(Plato),在埃及遊學的過程中,靠沿途販賣石油所得的利潤來支付一切費用;偉大的植物學家林奈(Carl Linnaeus)一邊從事學術研究,一邊從事皮革製造和皮鞋生產;史賓諾沙(Baruch de Spinoza)在從事哲學研究的同時,靠磨製眼鏡來維持日常生活;莎士比亞(William Shakespeare)是一個很有才華的劇院老闆,他的非凡成就與其說是有賴於他寫作劇本和詩歌的才能,不如說是以這種經營劇院的能力為基礎的。事實上,莎士比亞對他在文學上的聲譽是漠不關心的,他關心的只是能獲得多少收入。

讓我們為了努力工作,不懈進取吧!這樣,在生命結束之時,我們就可以像福音中使徒所說的那樣:「我已經完成了自己的使命。」

綜上所述,我們可以說,一個年輕人在面臨未來職業的選擇時,他是第一次到了生活的最緊要關頭。這時,他

應該順應自己的志趣愛好，相信自己的直覺和常識。生活、實踐會給予他指導、做他的導師。一定自己審時度勢，根據自身條件做出決策。這一選擇是任何人也代替不了他的。只有日常的生活和環境能幫助修正錯誤，使得你適應環境，也使得環境適應你。

在選擇職業時，我們應該遵循的主要指標是整個人類的幸福和我們自身的完美。我們不要認為，這兩種利益是互相敵對的，互相衝突的，一種利益是必須消滅另一種的；人類的天性本來就是這樣的：人們只有為同時代人的完美、為他們的幸福而工作，才能使自己也達到完美。如果一個人只為自己勞動，他也許能夠成為著名學者、大哲人、卓越詩人，然而他永遠不能成為完美無疵的偉大人物。因為偉大人物總是將「奉獻」放在第一位，將「索取」放在第二位，把人類的幸福和自身的完美有機地統一起來。

歷史會永遠記住那些為人類的幸福而奮鬥因而自己變得高尚的偉大人物；經驗讚美那些為大多數人帶來幸福的人。人們所敬仰和崇拜的理想人物，就是那些為人類的進步與發展而犧牲了自己的英雄。這樣的人才真正稱得上是幸福的人。

最後，讓我們用古希臘的一句格言作為本章的結語：

「無論從事哪一種職業，要想成為一個出類拔萃的人，必須具備三個條件 —— 良好的天性、勤奮的學習和堅持不懈的實踐。」

有的人之所以能夠取得成功，是因為他們做他們所想做的、適合做的事情。有的人之所以事業上能夠取得輝煌的成就，是因為他們找到了恰當的職業。凡是能夠在事業上有所作為的人都是「能勝任自己工作的人」。

即使是世界上那些成就非凡的人，倘若他們選擇錯了職業 —— 選擇了一個他們的能力所無法勝任的或一個他們從沒有受到過任何訓練的領域，他們也完全可能在一生之中一事無成，碌碌無為。例如，哈里曼（William Averell Harriman）是一個著名的鐵路大王，但是，如果讓他去當一個農場主或者說讓他去做一名醫生，他就可能是一個徹底的失敗者。他天才般的才華、敏捷的思維、良好的判斷力、超人的膽識，使得他成為一個無與匹敵的成功者。他所致力和獻身的領域給他發揮自己的巨大潛能提供了廣闊的天地。他所持有的天賦正好適合他那個特有的領域。假如他被命運安排到另一個職位上，或許他是一個徹底的失敗者或者說只是一個工作很平庸的人。

　　對於某些人來說，他們確實是幸運的，因為他們一開始步入社會時，就找到了一個自己能力所能勝任的工作。而有的人則不然，他們找到的是不適合自己個性、不利於自身潛力發揮的工作，但是，當他們清楚地意識到這一點的時候，已經為時太晚，或者說，由於情勢所迫，他們已經無法再改變自己的職業。

　　一般來說，人生所邁出的這關鍵的一步難以逆轉，一旦你選擇了某一職業，你就不能再次做出選擇，這一決定也就成了一生的決定。但是，有的人還是很幸運，他們很快就意識到，這種選擇並不能最大限度地實現自己的人生價值，並不能使自己的能力和天性得到充分發展。於是，他們及時改變了自己的職業選擇。德懷特‧穆迪（Dwight Lyman Moody）一開始是一個製鞋匠，但是，如果他後來不改變自己的職業，這對我們這個世界來說，將會是多麼的不幸。對廣大的非基督教教徒來說，他是一個多麼有魅力的布道者啊！身為一個牧師，他在他那個時代是無與倫比的。他淨化了人們的心靈，提升了整個社會的道德水準。

　　據說，英國一個最傑出的法官，一開始是一個鄉下製帽商的學徒。而英國的一個內閣成員一開始和他父親一

樣,是一個街頭小販,在白令海仲裁(Behring Sea Arbitration)中,他擔任英國政府駐華盛頓特派員。查爾斯·達爾文(Charles Darwin)如果聽從父母的安排,獻身於宗教,從事神學研究,這將是多麼的不合適。曾經有一個智商很高、天賦很好的牧師,他一直後悔說,當時他的父母不讓他去做他自己喜歡的職業,他一心想成為舞蹈家。他父母耽誤了他的一生。

當然,歷史上也有一些相反的事例存在,一些很優秀的人,他們在自己的領域中做出了輝煌的事業,但是,一開始,他並不喜歡這種職業,只是將錯就錯,歪打正著而已。

責任感與工作

必須弄清楚的是，我們對產生對研究對象的愛的複雜性到底有什麼內涵。至少它表示要對研究對象發生「興趣」這一點是肯定的。你完全不感興趣或厭煩的東西是很不容易觀察或傾聽的；也很難去思索關於它的事，很難想起它，很難想繼續研究它，很難融合它。當你被某種外力逼迫去研究某一種你完全沒有興趣的問題時，你身上的一切防禦和抵抗力量都會動員起來。你會丟三落四，想別的什麼事，思想不集中，疲倦襲人，智力似乎衰竭。總之，你很像是在做一件糟糕透頂的工作，除非你多少對它有點興趣並受到它的引誘，最起碼少量的熱情（或欲望）似乎是需要的。

事實的確如此，世上存在著為責任感而工作的人，就連一個孩子也會在學校做許多並不是從興趣出發或僅僅從外部因素出發的事情，以便讓老師歡喜。但這樣的孩子引起另外的問題，這裡不能深談，那是關於性格訓練、增進自主性以及僅僅馴順的危險等問題。

　　之所以提及這些問題，是因為我們不想陷入非白即黑的二歧傾向，在這裡那是很容易出現的。不管怎麼說，關於這一簡單的說法是很少有疑問的，那就是說，對於一個人的最佳學習、領會、理解和記憶而論，最好的途徑是對相關的問題感興趣，有介入感，有「一點愛」，至少有一點迷戀並覺得受到吸引。

　　科學需要一種耐心、頑強、堅忍不拔、持之以恆以及克服困難的精神和毅力等等，這是一種低限的說法。科學長時成功所真正需要的是熱情、迷戀和著魔般的執著。有成果的科學家是這樣的人，他們談論他們的「課題」差不多就像情侶談及他們的所愛一樣，那是作為一個目的而不是作為達到另外目的的一種手段。升騰到一切分心之上，變得沉迷於工作之中，這說明他已完全溶入「課題」裡，不再是分立的。他的全部智慧都可用於一個目的，一個他已完全獻身於其中的目的。他把他所得到的每一件東西都給了它。

　　正如威廉‧詹姆斯（William James）所說的那樣：「假如你想在一項調查中用一個不中用的人，你最好找一個對這項調查結果毫無興趣的人，他保證是那種無能的、絕對無疑的蠢貨。」

　　這可以說是一種愛的表現，要知道，這種說法是存在很多積極的因素的。同樣意味深長的是，可以從一位熱愛他的工作和他的課題的人那裡期待更好的工作成果。這就是為什麼我認為即使身為嚴格意義上的科學家的我們也有必要審慎研究「透過愛得到知識」的這一正規化。這種愛我們可以在愛侶中或父母和子女的關係中看到它的最純表現，或者在神學和神祕主義文獻中非常合適地譯為自然主義的概念。

重視自我意識

　　所有的自我實現者都會投身於一項自我以外的事業之中，他們專心致志地從事某項工作，某項他們非常珍視的事業 —— 按舊的說法即天命或天職。他們從事於命運以某種方式安排他們去做的事，他們做這件事也喜愛這件事。

　　因此，工作與歡樂的分歧在他們身上已消失了。

　　一個人獻身於法律，另一個人獻身於正義，第三個人獻身於美或真理。所有這些人都以某種方式獻身於尋求我稱之為「存在」價值的東西，那種固有的終極的價值，不能再還原到任何更終極的東西。這些存在價值大約有14種，包括古人的真、善、美，還有圓滿、單純、全面等等。

　　這些存在價值的存在讓自我實現的結論增添了一系列的複雜性。這些存在價值像需要一樣在發揮作用。那種我稱之為超越性需求的剝奪會釀成某些類型的病態，它們還沒有得到適當的說明，我們可以稱之為超越性病症 ——

即靈病。例如，總是生活在爾虞我詐之中而形成不信賴任何人的病態。正如我們需要諮商專家幫助以解決因為某些需要未能滿足而產生的一般病症一樣，我們也需要超諮商家幫助治療因為某些超越性需求未能滿足而產生的靈病。

就某種可以說明和實證的方式來說，人需要在美中而不是在醜中生活，正如他肚子餓了需要吃飯或疲乏了需要休息一樣。說得更具體些，這些存在價值就是絕大多數人的生活意義，但許多人甚至不能意識到他們有這些超越性需求。諮商家的職責可能就在於使他們意識到他們自身中的這些需要，正如傳統的心理分析家使患者意識到他們那些類似本能的基本需求一樣。最終，某些專家或許會認為自己是哲學的或宗教的諮商家。

我們可以試著幫助那些因存在價值問題而來諮商的人向自我實現的方向運動和成長。實際上，許多年輕人本質上是非常好的人，儘管他們往往搞惡作劇。不管怎樣，我們認為（縱然有時有各種行為證據），他們就第一流的意義說也是理想的，他們是在尋求價值，他們很想有什麼東西作為獻身的目標，作為熱忱的追求，作為崇拜、仰慕和熱愛的對象。這些年輕人時刻都在進行選擇：是前進還是後退？是離開還是趨向自我實現？

自我實現

當一個人趨向自我實現時，他是否會拚命凶狠地壓榨他人？就實際的行為步驟看，自我實現意味著什麼呢？個人趨向自我實現有八條途徑。

第一，自我實現意味著完全地、活躍地、忘我地體驗生活，全神貫注，寵辱皆忘，它意味著不帶有青春期自我意識的那種體驗。在這一體驗的時刻，個人完完全全地成為一個人。這就是自我實現的時刻，這就是一個人在實現自我時的瞬間感受。

作為個人，我們都偶爾體驗過這樣的時刻。

身為諮商家，我們能幫助求診者經常性地得到這樣的體驗。我們能鼓勵他們全身心地投入某一件事，而忘記他們的偽裝、拘謹和畏縮，從而徹底獻身於這件事。從局外角度看，我們能看出這是一種非常美妙的時刻。在那些正在試圖變成非常固執、世故和老練的青年人身上，我們能看到某些童年天真的恢復；當他們完全獻身於某一時刻並充分體驗著這一時刻時，他們的臉上能再現出純潔無邪而

又幸福的表情。這種體驗最關鍵的是要達到「無我」，而大多數青年人的毛病正出在太少無我而太多自我意識和自我覺知。

第二，我們可以設想是一系列的、一個接著一個的選擇構成了生活。每次選擇都有前進與倒退之分，可能有趨向防禦、趨向安全，趨向畏縮的運動；但在另一方面，也有成長的選擇。做出成長的選擇而不是畏縮的選擇就是趨向自我實現的運動。自我實現是一個連續進行的過程。它意味著每一次都要在說謊或誠實之間、在偷竊或正義之間進行選擇，意味著使每一次選擇都成為成長的選擇這就是趨向自我實現的運動。

第三，自我實現的含義就是設想可以實現一個人真實的自我或成功的自我。人不是一塊白板，也不是一堆泥或黏土。人是某種已經存在的東西，至少是一種軟骨的結構，至少是他的氣質，標準的生物化學平衡等等。這裡有一個自我，馬斯洛（Abraham Maslow）過去曾說過「要傾聽內在衝動的呼喚」，意思就是要讓自我顯現出來。我們大多數人在大多數時候（這特別適用於兒童和青年）不是傾聽我們自己的真情呼喚，而是傾聽媽媽的、爸爸的教訓，或教會的、長老的、權威的或傳統的聲音。

　　作為邁向自我實現的簡單的第一步，當有人遞給你一杯酒並問你味道如何時，你應該試著以一種全新的方式作答。首先，你不要看酒瓶上的商標，不要想從商標上得到任何暗示再考慮應該說好或不好。然後，再閉上眼睛，「定一定神」。這時，你就可以面向自身內部，避開外界的嘈雜干擾，用自己的舌頭品一品酒味，並訴諸自己身內的「最高法庭」。這時，只有這時，你才可以開始說「我喜歡它」或「我不喜歡它」。

　　第四，要誠懇地表達出自己的懷疑而不要壓抑和隱瞞。在各種場合都能碰到「有懷疑」這一短語，因此我們沒有必要過多討論關於交際手腕的問題。當我們產生懷疑時，往往不會誠實相告。來諮商的人往往是不誠實的，他們在做戲，在裝模作樣，他們並不是很容易就聽從「誠實」的勸告的。在許多問題上反躬自問都意味著承擔責任。這本身就是邁向自我實現的一大步。很少有人研究過這種責任問題，在我們的教科書中也沒有這一問題的地位。誰能研究白鼠的責任呢？可是，在心理治療中，這幾乎是可以觸碰到的一部分。在心理治療中，你能看到它，感覺到它，能知道責任的分量。於是，就清楚地理解了責任的內涵，這是重要的步驟之一。每次承擔責任就是一次

自我的實現。

第五，我們所說的體驗都是不帶自我意識的，選擇成長而不是畏懼、聽憑於衝動，變成誠實的和承擔責任的人。所有這些都是邁向自我實現的步驟，都確保著美好生活的選擇，當每次選擇時刻到來時能做到這些小事的人，將會發現這些經驗合起來就能達到更好的選擇，在素養上對他是正確的選擇。他開始懂得他的命運是什麼，選擇什麼樣的妻子或丈夫，他一生的使命是什麼。除非一個人勇於傾聽自身的自我，而且時刻都如此，並鎮靜自若地說「不，我不喜歡如此這般」，否則他就無法為自己的一生做出聰明的抉擇。

偉大的藝術世界被一小群輿論製造者和風尚操縱者把持著。但它對於這樣的一些人似乎是十分公平的，因為他們自認為有資格說：「你們要喜歡我所喜歡的，不然你們就是傻瓜。」而我們卻告訴人們要傾聽自己的志趣愛好。多數人不是這樣的。當站在畫廊裡看一幅費解的彩畫時，你很少會聽見有人說：「這幅畫很費解。」

例如，有一年在布蘭黛斯大學舉行聖誕舞會，放電子音樂、錄音帶，人們做一些「超現實的」和「頹廢派」的事情。燈亮了，人人目瞪口呆，手足無措。在這種

場合，大多數人會說幾句俏皮話而不會說「我要想想這種事」。說老實話，則意味著勇於與眾不同，寧願不受歡迎，成為不隨波逐流的人。假如諮商家不能告訴來諮商者真相，不論年長或年輕的，要準備自己不受人歡迎，這樣的諮商家最好馬上關門。要有勇氣而不要怕這怕那，這是同一件事的另一種說法。

第六，自我實現是在任何時刻任何程度上實現個人潛能的過程，而絕非一種結局狀態。例如，倘若你是一個聰明的人，自我實現就是透過學習變得更聰明，就是運用你的聰明才智。這並不等於說要做一些遙遠而不可即的事，而是說要實現一個人的可能性往往需要經歷勤奮的、付出精力的準備階段，可以是鋼琴鍵盤上的手指鍛鍊。自我實現可以是努力做好你想要做的事。只想成為一個二流的專家，那還不是一條通向自我實現的正確途徑，你應該要求自己成為第一流的，或要求竭盡你自己的所能。

第七，高峰體驗是自我實現的暫短時刻，這是一些心醉神迷的時刻。你只能像劉易斯（Lewis）所說的那樣「喜出望外」。但你能設定條件，使高峰體驗更有可能出現，或者架設條件弄得它較少可能出現。破除一個錯覺，擺脫一個虛假的想法，知道自己不善於做什麼，知道

自己的潛能是什麼，這也是構成發現你實際上是什麼的一部分。

雖然人人都確實產生過高峰體驗，但卻並非每一個人都能意識到這些。有些人把這些小的神祕體驗丟棄了。諮商家或超諮商家的任務之一是幫助人們在這些短暫入迷的時刻到來之時意識到它們。然而，一個人的心靈怎麼可能在外部沒有任何東西可以作為交流方法的情況下，看到另一個人的隱祕心靈然後還要試著進行交流呢？我們不得不找出一種新的交流方式。這種類型的交流對於教育、諮商，對於幫助成年人竭盡所能地充分發展，也許要比我們看到教師利用黑板書寫所進行的那種慣常的交流更為適合。假如有人喜愛貝多芬（Ludwig van Beethoven）並在傾聽他的一曲四重奏中受到感動，而你卻無動於衷，那人們如何能使你去傾聽呢？

音樂明顯是客觀存在的，但為什麼別人可以投入地欣賞，而你卻什麼也聽不出來呢？你聽到的僅僅是一些音符而已，別人怎麼能使你聽出美來呢？這是教育中更重要的問題，比在黑板上證明數學題或指點一隻蛙的解剖更重要。後面提到的這一類事情對於兩個人都是外部的，你有教鞭，兩個人能同時看一個目的物。這種類型的教學比較

容易，另一種教育要困難得多，但那是諮商家工作的一部分，也就是所謂的超諮商。

第八，看清楚一個人是什麼樣的人，他喜歡什麼，不喜歡什麼，什麼對於他是好的，什麼是不好的，他正探索什麼，以及他的使命是什麼 —— 向一個人自身展示他自己，這意味著揭露心理病理。這意味著對防禦心理的識別和識別後找到勇氣放棄這種防禦。這樣做是痛苦的，因為防禦是針對某些不愉快的事樹立的，但卻是值得的。如果說心理分析文獻沒有教給我們任何別的東西，至少已使我們懂得壓抑並不是解決問題的上策。

第二章

淨化思想

清理負面的消極思想

如果土壤、空氣、陽光和雨水，這些對於植物來說至關重要的因素，停止作用於果實與樹木，那些有害的因素將有機可乘，而植物的下場無疑是毀滅。同樣，對於我們來說，那些積極的思想，有創造力的思維在我們精神建設的過程中發揮著至關重要的作用，在我們的思想中，當這些因素失去統治地位的時候，就是一些不利因素開始作亂的時候，它們會嚴重影響我們的信心，而我們可能將會和失去土壤、空氣、陽光和雨水的植物那樣，等待末日的到來。

思想態度對我們將產生極大的影響，正確的思想態度可以幫助我們抵抗外界的影響，擺脫不利因素的困擾。比如說，如果我們不相信邪惡的力量，那麼當我們真的被邪惡包圍時，這樣的想法將為我們帶來有利的影響，使我們勇敢地面對邪惡，並有可能最終戰勝它們。另一方面，如果我們願意接受邪惡，當我們遇到邪惡時，我們的想法同樣會影響我們，使我們歡迎邪惡，甚至是享受邪惡。

如果你能夠使自己的思想永遠被自己的目標所填充，努力使生活中的每一個細節朝著自己的理想發展，確定你所有的努力都是為了實現自己的理想，直到養成了一種生活習慣，那麼你將創造出一條無形的河流，為你帶來所有你所期望的東西。與此同時，我們必須時刻注意那些可能為我們的生活帶來混亂的東西——比如說，仇恨和嫉妒，對待別人不友好的態度，以及復仇和怨恨的想法——因為這樣的想法都是我們的敵人，它將耗盡我們的能量，使我們在獲得進步的過程中受到阻礙。

任何可能為我們的生活帶來混亂的東西都將削弱我們的力量。我們必須擁有一種協調與和平的思想，一種自由的想法，這樣我們才能變得更有效率。也就是說我們所有的想法都必須具有建設性、具有創造力，而不能帶有破壞性。勇氣、信心與決心才是我們精神世界中至關重要的東西，它們將為我們帶來成功。

絕大多數失敗者如果能夠拋開失敗的想法，擺脫失敗的陰影，他們最終將獲得成功。學會如何清除思想中的垃圾，拋開恐懼與焦慮，讓我們的思想充滿自信、活力與希望，是一門偉大的藝術。如果我們能夠掌握這門藝術，我們將能夠建立一種具有創造性的積極的思想態度。有時，我們

會不由自主地向外界流露出我們的思想，流露出我們的希望或是恐懼；而我們的名譽地位以及別人對自己的評價往往取決於我們的成功。如果別人看到我們所流露出來的是一種消極、懦弱或是膽怯的思想，他們就不會將重要的職責或職位託付給我們，這樣我們甚至不會得到表現自己的機會，更不要說獲得成功，那麼別人就永遠不會信仰我們、崇拜我們。

我們可以在任何方面表現自己的信心、勇氣或是一種大無畏的精神，而這樣的思想態度將為我們帶來樂觀與進步，使我們更具進取心。

毋庸置疑，那些具有進取心的人要比那些毫無鬥志、總認為自己注定失敗的人更有機會獲得成功。有些人總是認為自己沒有能力，低人一等，對待任何事情往往持有一種消極悲觀的態度，那麼這樣的人必定很難獲得成功。

讓別人信任我們和自己相信自己同樣的重要。但要想讓別人信任我們，我們首先要相信自己，時刻保持一種自信，相信自己一定能夠成功。

毫無疑問，那些永遠表現出一種勝利者姿態的人與那些心存恐懼與焦慮，認為自己已經是一個失敗者的人有著天壤之別。同時，他們的生活和所得到的結果也將存在著天壤之別。

有些人往往表現得很軟弱，性格孤僻，喪失了信心，缺乏勇氣與活力。與這樣的人相比，那些表現得自信、積極、精力充沛，相信自己有能力的人無疑更有機會取得進步，成為一個真正的成功者。

就是那種對自己能力的肯定為我們帶來了成功，帶來了勝利，同時也向外界顯示了自己的信心。如果你對自己沒有信心，那麼你將永遠無法得到崇高的地位與名譽。

在這個世界上，確實有一些人顯得微不足道，他們彷彿在社會交往中沒有任何地位。這是因為他們從沒有以一個勝利者或者征服者的身分去思考、去做事。他們往往沒有極具建設性的、充滿活力的精神態度；他們往往給人一種軟弱的形象。在一個人沒有學會如何展現自己的能力時，他永遠不會具備任何吸引力，或者說服力，去吸引自己所期望的事物。只有積極向上的品格才可以吸引現實中美好的東西，幫助我們實現自己的理想；而消極懦弱的品格則會排斥這樣的東西。事實上，一個成功者往往首先擁有一個成功的精神態度，這是作為一個成功者必須具備的基本素養。

我們身邊的一些人有時會讓我們留下這樣的印象：他們從不期望出人頭地；他們所有的願望僅僅只是得到一個

能夠過上舒適生活的機會。他們從不期望任何其他的事情，只是一味地辛勤工作。他們從一開始就認為生活對於他們來說充其量只是一種折磨。而事實上，我們的生活本應該是充滿了幸福、充滿了榮譽，我們應當是去享受生活的。我們的生活在不斷進步，我們的思想範圍也應當不斷擴大，只有了解到這一點，我們才不會對當前的生活產生反感，我們才能繼續改善生活、創造生活。在我們的精神世界裡，任何事情都不能代替那種勝利的意識，那種確信自己將永遠取得成功的自信。

要想過上和睦的現實生活，我們首先要有正確的、積極的精神生活。你必須和自己的同事、朋友與家人建立一個健康良好的關係；在學會容忍自己之前，你必須學會容忍他人，否則，我們將不會得到真正的快樂與幸福。如果我們真的想要建立一種必勝的思想態度，我們就必須消除那些嫉妒、憎恨與復仇的想法，因為它們可能會在我們的內心當中潰爛，為我們帶來思想上的混亂，同時我們應當建立一種真正和平、平靜的思想，因為這是我們靈魂當中最偉大的品質。

如果一個年輕人剛剛開始自己的獨立生活，急切地期望在自己的工作中獲得成功，他一定不要對自己這樣說：

「我很希望獲得成功，但我不覺得我真的能做到我所設想
的那樣。我的工作經驗與知識真是太有限了，我知道在我
所從事的工作領域內，很多人都無法獲得成功，過上體面
的日子，甚至有許多人還失了業，所以我想我可能犯了一
個錯。但是我會盡我所能去做好每一件事，也許有朝一日
我會有所表現。」這樣的年輕人如此說、如此想，也會如
此做，也許真的有朝一日會有所表現。但是他的這種不自
信只能讓這「有朝一日」變得遙遙無期，他不會獲得成
功，甚至會失去自己的工作。

　　事實上，我們是什麼樣的人，別人就會對我們有什麼
樣的評價，而我們說什麼也不會影響別人對我們的看法。
我們必須用事實來影響別人。我們可以向別人訴說我們所
有期望得到的東西，但是別人不會受到我們的影響，因為
是事實決定了他們對我們的判斷。無論你如何甜言蜜語、
如何奉承別人，你的所作所為產生的既定的事實都無法掩
蓋自己真實的想法，也不會影響別人對你的客觀評價。我
們可以透過言語欺騙別人，但事實不會欺騙，要想別人改
變對你的看法，你唯一可行的方法就是從內心中改變自己
的思想態度。

　　假設一個人想創造財富，而自己的思想總是在不停地

說：「滾開吧，財富，離我遠一點。我確實想得到你，但是很明顯，你不屬於我。我的生活注定窮困潦倒，儘管我希望擁有美好的事物，享受幸運、享受快樂，但我知道那是不可能的，所以我不期望得到這些東西。」

很顯然，這個人永遠也不會變得富有。他精神中的恐懼與懷疑抵制著財富的到來。當然，現實中也不會有人排斥機遇、排斥財富；但是人們心中往往會多多少少存在一些恐懼與疑惑，缺乏信念和信心，而這樣會使他們在不知情的情況下丟掉了機遇與財富。

許多人生活了一輩子，沒有成功也沒有失敗，不很富裕但也不很貧窮。他們大部分時間在一貧如洗與多少有一點財富之間徘徊，他們的思想有時積極，具有建設性和創造性，但有時又是消極的 —— 因此他們的生活碌碌無為，就像鐘擺一樣來回地搖擺。

當上面所說的那些人只有一點勇氣、一點希望和一點熱情時，他們只能創造出一點東西，因為畢竟他們的思想還是積極的，還具備一點創造性。但當他們完全喪失了勇氣與信心，心中充滿了恐懼與疑惑時，他們的思想將變得消極、悲觀，不具有任何建設性與創造力，從而再次滑落到一無所有的境地。

　　我們能夠讓自己的思想時刻保持積極的態度時，我們將極具有建設性與創造力，美好的日子就會到來。那時我們的生活將充滿了美好。

　　當我們趕走那些悲觀、憤怒和痛苦的思想時，我們就會很快地趕走痛苦和不幸，當我們以一種更快樂和更平和的心情去面對人生的時候，我們就會很容易獲得成功、健康和好運。而只要我們意識到了這一點，就能激發我們更好地控制我們的思想。

　　雖然其他星球離我們很遠，但只要我們研究一下它們發出的光，就能知道是什麼金屬在它們熾熱的火焰中燃燒。每一種金屬都有其自身的特點，它們發射的光透過稜鏡發出一種固定光線，把這種光線與光譜相對照就可以知道這種金屬是什麼。

　　經驗豐富的心理學專家能夠分析出一個人的性格，即使是陌生人。他可以看出一個人正在被墮落、不和諧的思想侵蝕。能否抵制住外界的壓力，這完全看我們自己。有的人可能被一些困難嚇倒，完全失去信心。但有的人就可能根本不畏懼這些困難。我知道的一些人，他們就從來不怕任何挑戰和困難，什麼也不能改變他們生活的重心。

　　當你被害怕和煩惱困擾的時候，你一定是賦予了這些

東西力量，不然它們不可能如此困擾你。你害怕這些事
情，說明你已經在你自己和這些事情之間建立了某種連
繫。但是只要你知道怎樣運用心理調節，就可以打破這種
連繫。每當你心情不好、悶悶不樂的時候，其實真正的原
因就在你的心理上，這種心理問題很容易調劑，就像用水
滅火一樣簡單。

愛的力量克憎解嫉

　　純潔的思想可以非常迅速有效地抵制不純潔、享樂的思想。純潔、無私的愛抵制邪惡和骯髒的過程是迅速有效的。我們給予它們什麼，我們就將得到什麼。我們希望發現什麼，我們就會找到什麼。同樣，如果我們試著尋找幸福，尋找高貴、美麗、真實的東西，這些東西很快就會來到我們身邊。相反，如果我們要尋找醜陋的東西，那麼我們也會很容易找到它們。如果我們用吝嗇、嫉妒、可鄙之心去對待別人的話，如果我們希望在別人那裡找到殘忍的話，他們就真的會對我們殘忍。我們對別人的猜想和看法怎麼樣，那麼這種猜想和看法會影響到他們。我們生活中所遇到的每個人也會對我們做出不同的評價。

　　在你心中埋下的種子，應該是那些在你的生活中產生良好影響的種子。仇恨的種子不可能長出愛的花朵，險惡的種子只會收穫險惡，復仇的種子只會招致血淋淋的爭鬥。

　　對別人怎樣，別人也會同樣對待你。如果你心中懷著

對別人的愛和同情心，那麼即使對方是一個作惡多端的罪犯，他心中也會同樣產生愛和同情心。相反，如果你表現出憎恨、嫉妒和邪惡，那麼他們受你的影響也會表現得很邪惡。愛心會引起愛心，同樣憎恨也會引起憎恨，因為它們是緊密相連的。愛別人一定不會使別人憎恨你，只要你心中充滿愛，你就一定會得到別人的愛。我們對朋友必須十分友好。要想得到別人的愛，首先要愛別人。

即使是那些野蠻的動物，也會被我們的心感化。馴獸師的溫柔和親切使那些生性野蠻的動物十分馴服，但是如果只靠武力的話，恐怕 10 個人也難以對付它。我們的心中都會有善良的一面，也會有野蠻的一面。只不過當別人對我們善良友好的時候，我們會表現出善良；當別人對我們野蠻的時候，我們就會表現出野蠻的一面。

一個佛教徒說：「不管別人對我多麼不好，我都會給予他們慷慨的愛。他們表現得越邪惡，我就會給予他們越多的愛。」

到一定的時候，人們就會不允許他們的頭腦中再出現不和諧的思想，就像他們不會在花園裡撒下薊的種子一樣。不要希望撒下薊的種子，會收穫到芬芳的玫瑰花。如果你撒下的是仇恨和野蠻的種子，你怎麼可能收穫到善良

和幸福呢？另一方面，如果我們在心中撒下同情、寬宏大量、上進和勇氣的種子，我們就會收穫和諧、美麗和快樂。如果我們在心中撒下富足的種子，我們就會收穫繁榮；我們種下吝嗇和失敗的種子，我們就什麼也收穫不了。

每當我們看到一張令人厭惡的臉時，我們知道那是自私、惡毒的種子產生的結果。而當我們看到一張平靜、自信的臉時，我們知道那是和諧、慷慨的種子產生的結果。很多人覺得我們擠在一個碰運氣的世界裡，悲慘的命運伴隨著我們。但事實上，我們現在生活的世界是一個絕對遵循嚴格制度和秩序的世界。任何事情的發生都絕非偶然。每一件事情的發生都有充足理由。即使是生活中的微小細節，都會遵循自身的規律，就像宇宙沿著非常精確的軌道執行，即使過幾百萬年也不會改變執行軌跡。

當我們看到不和諧，我們知道那是不和諧的種子產生的結果，沒有別的可能性。任何形式的不和諧，不管是表現為痛苦、疾病，還是貧窮、失敗，都代表一個人已經失去了和諧的狀態，他與自己的上帝是不和諧的。

如果一個人經常抱怨自己的命運，把自己的不幸歸咎於他人，這樣的人不是一個完整的人。他勉強只是一個上帝希望他成為的人的替代品。我們要隨時隨地抵制思想的

敵人，拒絕情緒大敵，就像保護我們的家不遭竊一樣。我
們應該排除錯誤的思想，或者用相反的思想來調劑自己。
因為錯誤的思想可能使我們承受痛苦、折磨和羞辱，還會
產生可怕的後果。我們的身體會受思想的影響，如果一個
人的思想是病態的，那麼他的身體也一定是病態的。當我
們的身體建造者 —— 思想不正常的時候，我們的身體功
能就無法正常發揮作用。

　　身體的不協調很多時候意味著心理的不和諧。因為如
果心理一直保持完美的和諧，身體也會很調和。所以，如
果你能保持心理和諧，身體也會相應調和，身體實際上是
心理狀態的外在表現。

　　愉快、上進的思想本身就是一種能治很多病的良藥，
比如精神憂鬱症和灰心喪氣。樂觀也是一種對精神疾病的
很好的調劑法。

　　樂觀地生活，這樣你就可以趕走悲觀的情緒，趕走疾
病、失敗和不幸。把守你思想的大門，把快樂和成功的敵
人拒之門外。這樣在很短的時間裡，你就會驚奇地發現自
己的生活發生了徹底的改變。

　　時常保持健康而有活力的思想對我們的生活是一種激
勵，會給我們很大的能量。要相信我們有強大的力量作為

後盾，因為我們的思想富有創造性，會使我們的生活過得更加精彩。

所有的軟弱、失敗、灰心、貧窮的思想都是毀滅性的、消極的。它們是我們的敵人。在這些心理準備進入你的頭腦時，要毫不猶豫地拒絕它們。要像拒絕小偷一樣拒絕它們，因為它們就是小偷，是偷走你舒適生活的小偷，是偷走你和諧、能量、幸福和成功的小偷。

一切真實、美麗、互助的思想一旦存在於我們的頭腦中，就會提升我們的生活品質，實現生活中的理想。當這些鼓舞人心的思想存在時，那些墮落、可怕的思想就很難發揮作用了，因為它們是天生的敵人，不可能同時存在於一個人身上。

我們希望成為自己理想中的樣子，而不希望成為自己討厭的模樣。而我們討厭的東西會漸漸地在我們的生活中失去作用，最後慢慢消失。

如果一個人能拒絕這樣的錯誤思想：我們是很貧窮的可憐蟲，我們深受限制，我們很虛弱、很墮落；如果一個人認為真實和美麗是這個世界的主宰，那麼他的性格一定很好。那些長期被拒絕的錯誤思想最終將從他們的生活中消失。

　　永遠掌握正確的思想，保持樂觀的生活態度，這會使我們的生活充滿強大的能量，使我們的性格趨於完善。這樣我們就能夠掌握世間的基本準則，了解生活的真諦，過一種真實的生活。生活在真實生活中的人會感到安全、有力量、平靜和安詳。而生活膚淺的人們是無法體會到這一點的。

　　要猜想我們平時生活中思想習慣的價值幾乎是不可能的。這種習慣有健康的，也有病態的，它們分別導致健康和墮落的生活方式。思想決定了一個人的理想。如果思想很墮落的話，理想也遠大不到哪去。生活中的一切都應該呈現本來面目 —— 健康、樂觀、快樂，在生活中應該充滿希望的陽光。一個充滿樂觀、有益的思想，不管到哪都能帶給別人陽光的人是高尚的人，他能減輕別人的負擔，使別人的生活過得更舒適，為受傷的人帶來安慰，為灰心喪氣的人帶來勇氣。

　　有的人懷著對別人的憎恨和嫉妒心理，雖然很多年他都沒有察覺這一點，但這種心理使他無法在生活中施展出自己最大的能量，使他失去了很多快樂。不僅如此，他使周圍的人感到他的敵意，別人開始對他產生反感和對抗，這樣他在工作和生活中無法與人相處。

我們必須遠離痛苦、嫉妒、憎恨、邪惡和無情的思想，遠離一切束縛我們的思想，否則我們就會因為不平衡的思想，降低的效率和低劣的工作而受到懲罰。

如果一個人深藏仇恨，對別人極不友好，那麼他不可能將自己的工作做到最好。只有工作在和諧的環境下，我們才能做到最好。我們必須要有很好的心理狀態，才能靠我們的頭腦和雙手做好我們的工作。

仇恨、報復、嫉妒都是很可怕的毒藥，對我們的思想是致命的，就像砒霜對我們的身體是致命的一樣。

對他人的友好和善意使我們遠離任何痛苦、憎恨、傷害的思想，因為這些有害的思想無法穿透真愛和善意在我們心中豎起的盾牌。

如果一個人在生活中很少遭受困擾，沒有什麼能破壞他的平靜，那是多麼輕鬆、美好的事情啊！他們在生活中沒有不和諧，因為他們的天性是和諧的。他們愛任何人，其他人也愛他們。他們沒有敵人，因為他們從不挑起爭端，所以在生活中也沒有什麼煩惱和麻煩。

而另外一些人，性格孤僻、易怒而且固執，這樣的人總是生活在麻煩與困擾中。他們常常被人誤解，覺得別人總在傷害自己。他們產生不和諧，因為他們自己就是不和諧的。

　　一個人的思想如果懷著憎恨、嫉妒、抱怨、報復的話，他一定會損害自己的形象和名譽。很多人不知道自己為什麼不受人歡迎，為什麼大家都不喜歡他，為什麼在生活中如此孤獨，這是因為他們的思想總是懷著痛苦、報復、不和諧，使他們喪失去了所有的個人魅力。

　　另一方面，生活中最有吸引力的、最受人歡迎的人，是那些懷著友善、互助、同情思想的人，那些對別人友好的人，那些沒有痛苦、憎恨、嫉妒思想的人。

　　人們會漸漸意識到：任何不和諧的思想，任何傷害他人或得到不屬於自己東西的企圖，都會使自己深受痛苦。人們會發現，世界原來如此井然有序；只有公正、平等、誠實、無私的思想才是受歡迎的。人們也會意識到：只有做到正確、真實才能為自己帶來快樂、和平和財富。

智慧運用否定的思考

　　車輛出廠時在駕駛座位前面都裝有「警示燈」，指示蓄電池沒通電、引擎過熱、油壓不夠等等情況。疏忽了這些指示，會造成車輛的損壞。但是，某個警示燈亮出了紅燈，駕駛員也不必過分不安，只要停在修車廠或車庫裡，採取積極的補救行動就沒問題了。

　　可是，汽車駕駛者切勿不斷地注視儀表板，因為這樣會帶來災禍。他必須透過擋風玻璃注意前方，看著路途，專注自己的目標，以及行走的路面。他只要偶爾瞥瞥警示燈就行了，這樣不會分神地時常看一下警示燈，而可以很快地再將視線回到前面的路上，將注意力集中在他要到達的積極目標上。

　　對於自己的否定徵象，我們也應採取類似的態度。我們必須肯定正確使用之下的「否定思考」，我們需要知道否定面，才能避開它們。打高爾夫球的人，需要知道坑窪與沙坑的地方，但是他不會一直想著不打入坑窪，他的心「瞥視」著坑窪，但卻專注著那片草地。正確利用這種

「否定的思考」，可以引導我們走向成功之路，但有幾點必須注意：

1. 對否定面的注意程度，只要足以使我們警覺到危險即可。

2. 我們要認清否定面所代表的意思 —— 代表我們所不希望的東西 —— 代表不會帶來真正幸福的東西。

3. 我們要採取補救的行動，從成功的機構裡找出取代它的正確因素。

這些措施將可以及時引起一種自動的反射，而自動的反射又可以轉變為體內導引系統。否定反饋，像是一種自動的控制器，它會幫助我們「避開」失敗，引入成功之路。

切斯特菲爾德爵士指出：「我們所擔心的事，99％都不會發生，而對永遠不會發生的事情憑空操心是很悲哀的。」

蒲雷斯考特・萊基指出：「不管環境的變幻，我們必須維持同樣的態度。」

對不存在的東西（除非存在於你的想像中）進行情緒反應的壞習慣常常會引起我們的煩惱、不安與緊張。我們許多人不會對實際環境中的小刺激做過分的反應，而卻在想像中虛構出稻草人，並且在自己的心像（Mental Imagery）裡做情緒的反應。除了實際存在於環境裡的那些反面外，我們自找麻煩地加進自己的反面：即或許會發生這個或那個、如果發生某某事情時怎麼辦。在煩惱時許多人會造出心像：猜想環境裡，或許會發生哪些不利的事，然後對那些反面的圖像進行反應，彷彿它們是目前的實際東西。記住：你的神經系統無法分辨出真正的經歷或生動想像出來的經歷。

對於不實問題的擾亂，你可以利用不做事的方法（拒絕反應），而不是利用做某些事的方法，「靜化」你自己。就你的情緒來說，對憂慮圖像的適當反應，是完全不去理睬它。在情緒上，你要生活在今日，並且分析你的環境，認識那些存在於環境裡的真實物，然後自然地進行反應。為了要做到這一點，你必須全心地注意現在所發生的事，要全神貫注，這樣的反應一定是恰當的反應，而對於虛構的環境，你就不會有時間去注意或反應了。

內心的紛亂，或是說寧靜的反面，它的起因幾乎都是由於過度的反應，也就是由於過分敏感的「警覺反應」。當你練習「不反應」，也就是練習讓電話鈴聲響的時候，你可以產生內心的鎮靜劑，或豎起心理的屏障，將你與刺激物隔開。

　　輕鬆是自己的自然鎮靜劑，輕鬆就是指不反應。每天
練習身體的輕鬆，可以使你在日常活動中需要用到不反應
的時候，照著你平日輕鬆的方法去做。

　　利用你的想像力構出一幅心理圖畫，想像自己正坐
在那裡，靜靜地、泰然自若地不為外物所動。然後將這
幅圖畫記在心裡，並且將平和、泰然自若、不為所動的
態度「攪拌」進你日常的活動中。無論何時你要對鈴聲
作恐懼或焦慮的反應時，對自己說：「現在我讓鈴聲一直
響下去。」然後，用你的想像力練習各種不同情況中的不
反應，例如：想像你的同伴對你叫囂、咆哮時，你靜坐著
不為所動；想像你一件件地處理日常事務，不管忙碌日子
的壓力，你鎮定地、泰然自若地、不慌不忙地做；想像你
不顧環境裡的各種「催促鈴聲」與「壓力鈴聲」，我行我
素地繼續這種穩定不變的方向；想像你現在正處於那些過
去會令你不安的情況裡，現在你已經能夠無所反應地保持
「穩定」、均衡與不動。

　　你的身體裡面有一個調溫器。這種輔助機器，不管外
面環境的溫度如何，能使你永遠保持 36.5℃ 的正常體溫。
外面的氣溫或是冰點以下，或是 40℃，可是你的身體照樣
保持它原有的溫度 —— 永遠 36.5℃。它能在環境裡適當

地發揮它的功能,因為它是應付環境的最佳氣溫,不管嚴寒或酷熱,它永遠維持它的溫度。

你的心裡也有一個精神調溫器,不管周圍的情緒氣候如何,它能使你維持情緒的正常氣候與氣溫。很多人不會利用這個精神調溫器,因為他不知道自己有這種東西;他們不知道這個東西有能力;他們也不知道根本不需要自己去應付外面的氣候。但是,你的精神調溫器對你的情緒健康和健全的必要性,與你的身體調溫器對你的身體健康是不相上下的。

應用心理學之父威廉‧詹姆斯教授曾經告訴他的學生說:「你要願意承擔這種情況。因為接受既成的事實,就是克服隨之而來的任何不幸的第一個步驟。」

假若你在從事重大工作之前,經歷到恐懼及焦慮的失敗心理時,不能把它當作是你必定會失敗的「象徵」。這要看你對它的反應,以及對它採用何種態度而定。假若你服從它並且任它擺布,那你很可能有不好的表現。不過這也不一定。

首先,對失敗感覺的了解,以及對恐懼、焦慮、缺乏自信等的了解是很重要的。它們不是「命運」的安排。它們是由你心中萌生出來的,只不過代表你心中的態度而

已，並不是代表你遭遇的外界事實。它們表示你低估了自己的能力，高估並誇大你面臨的困難，你所喚起的不是過去成功的記憶，而是失敗的記憶，以上是這種感覺的全部意義。它們既不代表任何事實，更與未來真正發生的事無關，而只是你對未來事情的精神態度。

知道了這個情況，你就可以毫無顧慮地接受或拒絕這種消極的失敗心情，服從它、受它指揮，或是不管它而勇往直前，完全由你的態度決定，甚至你還可以利用它來幫助你。

假若我們以積極進取的態度來對付消極心情，它們就會變成一種挑戰，自動引起我們內心自發的力量和能力。困難、威脅、惡毒等想法，使我們內心產生了更多的力量。

我們的心情是無法用意志控制的，它也不可能隨我們的意志像水龍頭一樣開閉自如。若不能以命令控制它時，我們可以用計謀來支配它。若不能用直接動作控制它時，可以間接地加以控制。「壞」心情不能用有意的行為或意志力驅走，但是卻可以用另一種心情來替代。用正面攻擊無法將消極的心情趕走時，可以積極心情取而代之，以達到驅逐它的目的。記住，心情是隨著想像而變的，它與我

們神經系統接受的所謂「真實」或「環境的真相」互相吻合的,而且相等。當我們發現自己心情不好時,就不該再集中精神去想它,甚至竭力去驅走它;相反的,我們應該集中精神去構想一個積極的想像 —— 使我們腦海中充滿安全。積極進取的想像及記憶。

　一旦我們這樣做時,消極的心情就會自討沒趣而煙消雲散。我們就會生出與新想像的事物相稱的心情了。

啟動積極心理的訊號

　　梅茲・錢培爾博士是近代心理學家，在他的《如何控制擔心》一書中有同樣的建議：「因為我們時時練習擔心，甚至成為習慣，於是我們都成為好擔心的人。我們有沉溺於過去消極想像中和預期將來的消極事物的習慣。」憂慮產生了緊張。憂慮者於是以「想法」來中止憂慮，結果變成了惡性循環。「想法」只有助長緊張，而緊張又能產生「使人擔心的氣氛」。因此他說：「治療憂慮的唯一方法，便是遇到擔心的想像便習慣性地以愉快的想像取代之。每次你為了一件事情擔心時，便應該把它看作是訊號，而馬上用過去或將來可能發生的愉快想像來填滿腦海，代替消極的憂慮。相當時間後，它便會不攻自破，因為它已成為反擔心練習的刺激劑了。」錢培爾博士說：「憂慮者應試做的工作，並不是要制服憂慮的原因，而是要培養改變精神方面的習慣。」只要腦子定在消極失敗的心理上，懷有「希望別出事」這一類態度時，他總會擔心不已。

心理學家戴尼爾·西伯格說：「我父親給我最好的忠告，就是每當發覺有消極心情時，就要立刻實行適當的積極想像法。這樣一來，消極心情就不攻自破了，因為它變成一種觸發積極心情的『訊號鐘』了。」

人腦和神經系統會自動地、適當地對環境中的困難做出反應。比如，一個人在小路上碰上一頭灰熊，他並不需要停下來思考，也不需要決定是否要有害怕的感覺，因為害怕的反應是自動而適時的。這種反應發動了身體的機器，使肌肉「增加馬力」，於是他就狂奔起來，跑得比以前還要快。他的心跳加速，腎上腺素 —— 一種肌肉的強力刺激素 —— 加入血液的流動，而和奔跑無關的其他身體機能則暫時休息，胃部停止工作，可以利用的血液全部送到肌肉，呼吸加快，供應肌肉的氧氣也迅速增加。

這些，也許並不足以使人感到奇怪，但是我們所無法了解的是，我們所處的環境狀態並使我們對環境自動做出反應的大腦與神經系統的情況。一般人認為，人們遇到熊的反應是「情緒」反應而不是「認知」反應。可是，它確實是大腦將外界得來的資訊加以判斷後所引起的情緒反應。因此，基本上來說，引起反應的真正媒介物是一種認知、一種信念，而不是情緒。情緒只是跟著而來的一種結

果。也就是說，小路上的人是根據他自己的思想、信心與認知而對環境產生反應。環境給我們的資訊，引起各種感官的神經衝動，這些神經的衝動在大腦裡經過分析、解釋、衡量之後，變為意見或心像的形式，再經過最後的分析，我們便對這些心理的意象進行反應。

行動與感覺，並不是依照事情實際上的樣子而產生，而是依照心理認為它們是什麼樣子而產生。對自己、自身的環境、周圍的人，你有某種心像，你也根據你自認為實際存在的這些意象去行動，而不是根據實際的現實去行動。

設想，如果在小路上的那個人，碰到的不是一隻真正的熊，而是一個穿著熊皮的電影演員，如果他並不知道這個實際的現實，而把這個演員當成真的熊，那麼他的情緒與神經反應也會和上面所說的一模一樣。再設想，如果他看到的是一隻巨大的多毛狗，而恐懼使他將牠誤認為是熊，那麼他同樣也會按照他所認定的事實，而對自身與環境自動產生反應。

因此，我們對自身的看法或心理意象要是變得不合實際，我們對環境的反應也會隨之變得不合實際。

避免被負面情緒纏上

走出消極情緒是擺脫苦惱的一種辦法。那些成大事者總是把消極情緒視為自己成大事者的絆腳石。

一位牧師正在考慮明天如何布道,卻一時找不到好的題目,很著急。他6歲的兒子總是隔一會就來敲一次門,要這要那,弄得他心煩意亂。

情急之下,他把一本雜誌內的世界地圖夾頁撕碎,遞給兒子說:「來,我們玩一個有趣的拼圖遊戲。你回房裡去,把這張世界地圖拼還原,我就給你五美分去買糖吃。」

兒子出去後,他把門關上,得意地自言自語:「哈,這下可以清靜了。」

話音剛落,兒子又來敲門,並說圖已拼好。他大驚失色,急忙到兒子房間一看,果然那張撕碎的世界地圖完完整整地擺在地板上。

「怎麼會這樣快?」他不解地問小兒子。

「是這樣的,」兒子說:「世界地圖的背面有一個人

頭像，人對了，世界自然就對了。」

牧師愛撫著小兒子的頭若有所悟地說：

「說得好啊，人對了，世界就對了。」

生活也正是這樣，我們在現實生活中所產生的消極情緒，原因不在於別人，而正在於我們自己本身。

有人對消極情緒做了一次初步統計，得出人大致有 54 種消極情緒和表現。一個消極的苦果，便足以毀壞我們生活的某一個方面，甚至對整個人生歷程產生巨大的不良影響。

消極的苦果，皆由天長日久養成的人類習性所產生。

害怕失敗的原因是，我們每個人在成長的過程中都遭受過無數的挫折，於是，失敗的恐懼感時常伴隨著我們。這種恐懼感來自於對過去「傷害」（遭挫折、被恥笑）的記憶，這些記憶造成內心的膽怯和懦弱，從而使人產生消極的想像力和預期的失敗感。

當人們在做出一個新的決定時，消極心態的人往往想到曾經遭受過的失敗景象，於是憂慮退縮、裹足不前。

人們一旦遇到問題和障礙，總是找藉口、找理由，其目的就是推卸責任，把自己所遇到的一切「不利」都推給外界和別人。其根源是內心的渴求與現實的不一致。這

樣，在我們無法正視困難、面對自我，達不到心理平衡時，就自然而然選擇了一種逃避行為，即把責任歸咎給別人。我們對自我的認知和掌握不夠，總認為自己是受害者，是可憐者。

缺乏目標，就是缺乏人生的目的和方向，缺乏自己生活的意義和存在的價值；不知道自己想獲得什麼、不知道為什麼而活著、不知道命運掌握在自己手中；不知道自己的工作會怎樣、生活會怎樣、家庭會怎樣、財富會怎樣；沒有動力、沒有激情、沒有信心；看不到機會，無法掌控自己的心態、生活、工作和學習，一如水上浮萍，東飄西蕩，不知何去何從。

我們在生活中遭到過太多的拒絕，父母拒絕我們、老師拒絕我們、朋友拒絕我們。我們聽到過太多的不──不行、不能、不好、不可以……於是在內心深處留下了障礙。當我們需要幫助的時候，被拒絕的種種可能就立刻出現。害怕遭到恥笑和打擊，害怕失去自我信心的恐懼，妨礙我們開口求助，阻礙我們前進。

但現實生活中，無法面對不如意、不利的事物，於是誇大障礙，找藉口來逃避，從不找自己的原因。這是一種懦弱、膽怯和無能的表現。

　　就像下坡比上坡容易一樣，人類似乎天生有「悲觀」的傾向，要積極很困難，要消極很容易；要樂觀很困難，要悲觀很容易。悲觀的情緒像瘟疫，會迅速傳染開去。悲觀可稱做一種消極的「併發症」。因缺乏人生的意義與目標，必然心胸狹隘、目光短淺，看不到美好未來；因「害怕半途而廢」而無成就感，必定自慚形穢，因而得過且過，表現得十分自私；為了保持做人的最後一點點「尊嚴」，必然要以憤世嫉俗、牢騷滿腹、猜疑忌妒、易怒等方式來發洩，以緩釋內心深處的悲哀。

　　不明白人生歷程實質就是克服困難的過程這一道理，對事業沒有堅強的信念和決心，不能堅持到底。在遇到困難的時候，首先想到的就是挫折可能帶來的種種傷害。於是認為不可能實現、不可能達到、不可能成大事者，因而迅速放棄自己原有的努力。

　　好高騖遠，表現為不切實際的空想，把成大事者寄託於一些不可能發生的荒唐想法上。經常在這種「幼稚」的心態下生活，必然加重「僥倖」的心理，而不願腳踏實地，拾級而上，奮鬥成大事者。殊不知，要實現離奇的想法，也是要奮鬥的。好高騖遠者為了彌補「理想」與現實的巨大反差，掩飾內心的空虛、脆弱和恐慌，必然做人做

事虛偽，處心積慮，貪圖虛榮，以暫時麻醉自己。

消極情緒一旦產生，就會產生許多意想不到的結果，比如喪失成大事的機會，使美滿生活的希望破滅，限制自身潛能的發揮等。這使我們在整個人生的航程中，一路上都在做暈船狀。使得我們在面對未來的航程中，總是感到失望、噁心甚至嘔吐，從而無意認定生活的目標，無力操控航向，只能隨波逐流，任由漂蕩，更談不上歡樂、成大事者、健康和享受人生旅程的美好風光了。

那麼，如何擺脫我們的消極情緒呢？

首先，要在實際生活中，多想想自己的優點而不是缺點。

每個人都有優點，正像每個人都有缺點一樣。我們要在生活中充分注意到自己的優點。

第二是要意識到，這個世界上只有一個獨一無二的你。

這是個無可爭辯的事實，世界上只有一個你自己，沒有一個人可以等於你，沒有一個人和你的指紋、你的聲音、你的特徵或你的個性完全相同。從「你」這個字的最終意義來看，你是獨創一格的，你是「第一號」的。明白了這一點，你會對自己更加看重和珍惜。

第三是相信自己能夠成大事。

對自身能力抱有信心的人比缺乏這種信心的人更有可能獲得成功。儘管後者很可能比前者更有能力、更加勤奮。重要的是要堅信自己必定會獲得成大事者。

即使在尚未達到目標之時，也應以成大事者的姿態出現。這樣會使你此時此地就感覺到成大事者，也會使你在別人面前顯得是個成功者。事實上，這是一種增強自信心的方式。

拒絕陷入壞脾氣的漩渦

人類之所以不同於其他生物，乃是因為具有極強的改造能力，可以把任何東西或想法轉換或改變成能讓自己覺得快樂或有用的東西。

人類是地球上唯一能夠過著豐富內在生活的動物，他經常不看外在的環境怎麼樣，而是憑著自己的選擇，來認定自我和決定未來的行動。我們人類之所以不同於其他生物，乃是因為具有極強的改造能力。可以把任何東西或想法轉換或改變成能讓自己覺得快樂或有用的東西。而我們最強的能力，便是能把自己的一手經驗結合別人的經驗，創造出完全不同於任何人的方式，展現在生活的各種層面上。因而也只有人能夠改變心態，使痛苦化為快樂或使快樂化為痛苦。

有這樣一則新聞：有一個人把自己關在籠子裡絕食抗議，他為了某個理由有 30 天沒有吃任何食物，結果還能活下去。在肉體上他所承受的痛苦非常大，然而此舉卻能吸引大眾注意，他因而得到快樂，結果所受的痛苦便為快

樂所抵消。若把範圍再縮小一點，有些人之所以願意忍受肉體的折磨，乃是因為這樣能得到鍛鍊身體的快樂，使嚴格克己的磨鍊轉化為個人成長的滿足，這也就是何以他們能長久忍受那樣的痛苦，因為他們能得到所要的快樂。

我們不能隨著環境的變化而起舞，因為那樣就不能決定自己人生的方向，這種情況就猶如一部公用電腦，任何人都可以輸入亂七八糟的程式。我們每個人的行為，不管是有意還是無意，都受到痛苦和快樂這股力量的影響，而這個影響的來源有兒時的玩伴、自己的父母、老師、朋友、電影或電視影片中的英雄以及其他種種，不知不覺中它們對你造成了影響。有些時候可能是別人說的一句話、學校發生的一件事、比賽中的一場勝利、一次尷尬的場面，或是門門科目都是 80 分以上的成績，這都可能對你造成莫大的影響，因而塑造了今天的你。由此可以說，我們的人生乃掌握在對於痛苦和快樂的認定上。

當你回顧過去，是否能夠回想出有哪一次經驗所形成的神經鏈對你造成今日的影響？你對那次的經驗賦予了什麼樣的意義？如果你當時未婚，你是把婚姻看成一件愉快的探險呢，還是把婚姻視為沉重的負擔？當晚上坐在餐桌上時，你把用餐視為一次為身體加添補給的機會呢，還是

把大吃一頓當成快樂的唯一源泉？

　　奧理略（Marcus Aurelius）說：「如果你對周圍的任何事物感到不舒服，那是你感受所造成的，並非事物本身如此。藉著感受的調整，你可在任何時刻都振奮起來。」

　　你是否心為形役，被不能控制的力量，包括外來的經濟、社會力量和來自內部的迷惑、恐懼所壓迫？你是不是已經有意識地選擇了透過行動創造真正的價值？這就是忙忙碌碌和生產性活動的反差。

　　如德國哲學家黑格爾（Hegel）所說：「生活只有在以有價值的東西充當其客體時，它才具有價值。」當你從事生產性活動時，價值感是確實存在的。你在行動過程中進行了個人投資，你感到你與努力的結果相關聯。這種活動隨著時間推移而產生了一種很強的連續感，增加了發現的頻率和強度。舉個簡單例子，這個例子也說明了這個過程如何影響我們對生活的理解，想一想你是如何看花的。你是簡單地把它視為一些顏色與形狀呢，還是你真的看見了它 —— 它如何與周圍的花園相配，它的顏色如何在光與影的作用中發生微妙變化，潮氣如何凝聚在花瓣上，花粉如何輕輕地浮在雄蕊和雌蕊上？如果你用匆忙的目光看，花只是一個物體。如果你的眼睛與心靈活躍起來，花

就是一個奇蹟。因此，我們最急於觀察到的價值不是來自
於創造或發明一種特定的商品，而來源於觀察、探求、發
現的內部活動。

　　你也可以以直接、積極方式面對事件、人們和問題，
以此增加你生活的價值。演員詹姆斯‧柯登（James Cord-
en）有一種減輕生活中氣憤之情的有趣技巧。他每月都列
出 25 件使他發怒的事情，包括古代的仇殺、被壓抑的悲
憤和偶然間的爭吵。然後，他每天都面對這個清單上的一
項內容，問自己：「為什麼它使自己如此憤怒？」如果找
不到合理的辯護原因，他就把它從清單上勾去。透過這種
方式，他可以消除發生於很久前、不值得再提的小事、不
和睦以及因吃醋、嫉妒、不現實期望引發的衝突。在每個
月末，他列出一個簡要的清單。它包括那些能真正說明他
發怒事出有因的問題。然後，因為不再在不相關的憤怒上
花費精力，他就可以把憤怒化為解決這些特定問題的積極
努力。

　　想一想，當你在工作中遇到難題或要解決與一個朋友
的個人糾紛，你的感覺會如何呢？當你要否認或逃避這種
痛苦和困惑，你的感覺會如何呢？可能你的老闆交給你一
項你認為無力處理的任務，因此你把它放在「待做」檔案

的最底層。無論他什麼時候問起這項工作是否做完，你總是找藉口搪塞。或許你十幾歲的兒子剛才侮辱了你，雖然你想把他打倒在地，但你卻先是不理睬他，接著又陷入失望。另一方面，直接面對你的困境將增加解決的機遇，使你具有按照自己感情行為做事的滿足感。如果你難以接受這個思想，那就設想你的老闆或兒子就要死去，今天是你們在一起的最後時刻。你是要在閃爍其詞、憤憤不平中度過，還是要解決問題、輕裝前進呢？

切斯特菲爾德爵士認為，你自己的情緒可能極具欺騙性。它們能夠並可能會設下計謀使你相信生活比其實際情況糟得多。當你心情好的時候，生活很棒，你具有洞察力、常識和智慧。情緒高時，不會感到情況如此艱難，問題看上去不那麼可怕且易於解決。當你愉快時，人際關係似乎很順暢，溝通也容易。如果你受到批評，你會輕鬆跨過它。

相反，當你心情不佳時，生活看上去是令人難以忍受的嚴酷和艱難，你幾乎沒有洞察力。你對待問題過激並常常誤解你周圍的人，因為你認為他們的行為出於惡意的動機。

問題是：人們沒有意識到他們的情緒一直在發揮作用。

　　他們認為，他們的生活在過去的一天，或甚至是在前一小時突然變糟。所以某人早晨心情好時也許會熱愛他的妻子、他的工作和他的汽車，他可能會對未來抱樂觀態度而對他的過去心懷感激。但到了下午，如果他的心情變壞的話，他就會聲稱他憎恨他的工作，討厭他的妻子，認為他的車是個廢品，並認為他的事業沒有出路。如果你在他情緒低落時問起他的童年，他可能會告訴你那時相當艱苦。他可能會為當前的困境而責怪他的父母。

　　這樣迅速和強烈的反差可能看起來很荒唐，甚至可笑 —— 但我們都是那樣的。當我們情緒低落時，我們失去洞察力，並且一切似乎都處於危機。我們完全忘了當我們心情好時，一切都似乎如此美好。我們體驗過相同的情形 —— 我們的結婚對象，我們的工作所在，我們駕駛的汽車、我們的潛能、我們的童年 —— 完全不同了，這都取決於我們的心情！當我們情緒不高時，我們不去責怪我們的情緒，而是往往感到我們的整個生活是錯誤的。就像是我們真的相信我們的生活在過去的一兩個小時分裂成兩半。

　　實際上，生活幾乎永遠不會像我們情緒低落時感覺的那麼糟。不要陷於壞脾氣中，說服自己要現實地看待生

活，你會學會懷疑你的判斷。提醒你自己：「我當然會感到牴觸（或生氣、受挫、有壓力、沮喪）了；我心情不好。當我情緒不佳時總會感到消極。」當你處於不利的情緒中時，學會這樣簡單地排解掉它：這是一種不可避免的人類心態，如果你不理會它的話，它會隨時間而消失的。情緒低落時不適合去分析你的生活。這樣做是情感上的自驕。如果你有個正當的問題，當你情緒好轉時它仍在那。關鍵是在我們情緒好時要感恩，情緒糟時要得體 —— 不要把它們看得太嚴重。下次你情緒低落時，無論出於何種原因，提醒你自己：「這也將會過去的。」

威斯康辛Monroe醫院的醫生約翰‧辛德勒博士（John Albert Schindler）說：「不管過去的失誤，一個人必須從現在開始努力進步，這樣將來才會改善。現在和將來，要看一個人學習新習慣和對待問題的態度而定。不斷挖掘過去，根本沒有前途可言……幾乎每一個病人情緒都有問題。因為病人已經忘記如何去控制現在的想法，以便快樂起來。」

所有技巧的學習都要經過試驗與錯誤，先試驗一下，如果沒有命中目標，就在意識裡記住錯誤的程度，下次試驗時再矯正偏差，直到成功地「命中」目標為止。然後記

住這個成功的反應行為，將來碰到類似情況，就把相同的技巧「重新使出」。

然而，意識了錯誤，尋得了正途，就必須馬上忘掉錯誤，記住並「儲藏」成功的記憶，這是十分重要的。只要我們意識的思考與注意力集中在要實現的肯定目標上，往日失敗的記憶便發揮不了作用，因此，我們千萬不要自尋煩惱。

在學習過程中，錯誤、失誤、失敗等都是必要的，可是，它們本身並不是終點，而是到達終點的階梯，到達終點後，就要忘掉它們。如果我們念念不忘錯誤，因此感到難過，或時常責備自己，則錯誤或失敗本身就會留在想像記憶中，而成為個人生活的「目標」。人生最可悲的事，莫過於生活在往日的幻想之中，而不斷地責怪自己過去的錯誤，不斷地責備自己往日的罪過。

為往日的過失與錯誤不斷責備自己，不僅無濟於事，而且會使你希望改變的行為繼續下去。如果念念不忘過去失敗的記憶，而且不明智地下結論：「昨日我失敗了，今日當然也會再失敗。」這種想法對目前的行為會產生不利的影響。雖然如此，這並不「證明」無意識的反應形式本身有重複與繼續不斷的力量，也不說明改變行為以前要

「徹底根除」埋在心頭的失敗記憶。我們之所以受害，並不是由於「無意識」，而是由於意識的思考，因為做結論與選擇「目標心像」，是由意識的思考所推動。我們改變決心的一剎那，我們脫離往事掌握的一剎那，往事就不會再來侵犯我們。

　　絕大多數的人有個錯覺，認為情緒是完全無法控制的，它是一種自然的制約反應，這個錯覺使大家視情緒如病毒，當我們的「心理體質」不佳時就會被入侵；有時候我們也把情緒看成是理智的「堂兄弟」，會拖累理智所能發揮的力量；甚至有時候我們的情緒只不過是對別人所言或所為的直覺反應而已。到底這些看法有何共同之處呢？那就是認為它是個看不透的東西，是我們所不能掌握的。

　　我們每個人都希望避開痛苦的情緒，然而有些人因為矯枉過正，結果連那些他想得到的情緒也失去了。譬如說他們害怕失望，因此極力想避開會導致失望的情況，如畏縮於拓展人際關係、不敢接受具有挑戰性的工作，當一個人有這種現象時就如同掉進陷阱之中。就短期來看，他是避開了會使他失望的可能，可是卻也失去了能使他得到關懷和信心的機會，也許這正是他渴望得到的情緒。除非你完全失去感受的能力，否則你就免不了產生情緒，一心想

逃避自認為是負面的情緒並不是辦法，積極的做法是你應該從這些負面的情緒中挖掘它正面的意義及功能。

有些人經常不願讓惡劣的情緒為他人所知曉，便會這麼說：「我並不覺得有那麼糟。」然而他們的心裡卻一直惦記著那些事，為什麼自己就那麼「衰」、為什麼別人會想占自己的便宜或為什麼自己已經盡了力卻仍不如意？他們就只會往這些負面想，卻不去想如何來改變自己的意願。一個人如果真的遇上不如意，卻想一味地隱瞞，這不僅於事無補，反而會帶給自己更多痛苦；如果一味不理情緒所帶來的消息，那也不會使你覺得更好受，反倒更加強了那種負面的情緒，直到最後你不得不正視。處理這類情緒最好的方法不是漠視，而應是去了解它的成因，從其中找出有利於你的策略。

有些人對於痛苦的情緒很容易便屈服了，甚至於甘於被其俘虜。他們無心從其中學到寶貴的教訓，反倒刻意加強它們的威力，甚至於還不服氣地對別人說：「你們以為能夠應付得來，讓我告訴你們，它遠比你們所想的困難得多。」當他們說過話時，就真覺得好像是在說一個事實，好像自己遇到的是別人所未曾經歷過的，自己能有此經歷是件值得驕傲的事。可以想像，一個人如果常常有此舉

動，那就真是掉進致命的陷阱裡，若不盡全力抽出身來，人生最後就必然如他自己所預言的那樣潦倒一生。處理痛苦情緒最有效且最健康的方法，就是要學會看出它對你的正面意義。

如果你真想過個有意義的人生，那麼就得讓情緒為你所用。只要你有感受的能力，就擺脫不了各式各樣的情緒，所以你別想逃離它、別想消除它、別想對它視而不見、別想歪曲它的意義、當然更別想讓它控制你的人生。情緒，就算是會帶給你短期的痛苦，但它絕對是一個你內心的指南針，指引你應走的方向，以得到所想追求的目標。如果你不曉得如何使用這個指南針，那麼就猶如行駛在心裡的狂風暴雨之中，永遠找不出一條脫困的航線。

許多人在憂鬱不樂時，就會跑到遊樂場所去調劑一下情緒。同樣的，如果在憂鬱的時候，讀一讀漫畫或幽默小說，心情也會立刻開朗起來。同樣，不管想盡什麼辦法，都不易把憂鬱症消除殆盡。在這種情況下，最有效的辦法，莫過於先創造一個令人發笑的環境。

如果某種工作進展非常緩慢，就叫做低潮現象。這時候不能喪失信心，更不能把為了飛躍而積蓄下來的精力，用到無益的地方去。

在低潮現象裡，一個人之所以會失去信心，主要的原因是對自己的現狀或未來滿懷憂慮。甚至對整個過去的生長狀況也疑惑叢生。這時候，他對目前所學的內容，就會感到惶恐，由於內心產生了不安，當然就把眼前的成績看成不可靠的東西。

如要避免這種狀態，必須要用冷靜的態度，去評價過去的成就。說得更具體些，就是將自己目前所完成的工作，以及足以顯示過去成績的東西，放在眼前。如果是生意人，不妨將自己獨力經辦過的工作表格，或合約書等擺在桌子上；同樣的，學生也可以把仔細閱讀過的參考書或筆記簿等拿出來看看。只要目睹這些真實的成績，必能恢復內心的喜悅和自信。

心理學上的研究結果顯示，人類的心理現象跟穿衣服有著密切的關係。並非由氣氛來決定服飾，而是由服飾決定氣氛。在憂鬱的時候，穿上鮮豔與輕便的服裝，往往能使人的心胸開朗、生氣蓬勃。

我們許多人犯的一個錯誤便是我們為自己，或為他人感到悲哀，認為生活應該是公平的，或有一天將會公平。事實並非如此也不將會如此。當我們犯錯時，我們往往去花大量時間沉溺或困惑於生活的不公正。我們與別人一同

悲嘆,討論著生活的不公平之處。「這不公平!」我們抱
怨著,沒有意識到,也許,生活並沒打算去公平。

認可「生活是不公平的」這一事實的一個好處便是,
它可透過鼓勵盡最大可能妥善處理我們所擁有的一切,以
此來阻止我們自怨自艾。我們知道使一切完美並不是「生
活的義務」,它是我們自己的挑戰。接受這一事實也使我
們不再為他人感到悲哀,因為我們被提醒道:人各有命,
每人都有各自的力量和挑戰。這一理解力幫助我們處理養
育孩子的問題,以及我們必須做出的關於幫誰和不幫誰的
困難決定。同樣的,幫我們應付我們自身的、在我們感到
被犧牲或被不公平對待時的個人奮鬥。

生活不公平這一事實並不意味著我們不應該盡我們一
切力量去改善我們的生活或整個世界。正相反,它建議我
們應該如此。當我們沒有意識到或不承認生活的不公平
時,我們往往會為他人和我們自己感到遺憾。當然,遺憾
是一種除了使大家感到更加糟糕以外別無它用的、自暴自
棄的情緒。而當我們確實意識到生活是不公平的時候,我
們對他人和自己感到同情。同情是種誠摯的情感,它向它
所觸及到的人們傳達友善。下次當你發現自己在考慮世界
的不公平時,嘗試提醒自己這個基本的事實。你可能會對

它能夠使你跨出自哀自憐、轉向有益的行動而感到驚奇。

當前，我們幾乎所有人都好像過於嚴肅。就連我們中那些保證自己不嚴肅的人都可能過於嚴肅了。人們幾乎對任何事都倍感受挫和焦慮——遲到五分鐘，別人晚出現一分鐘，陷於交通堵塞之中，注意到某人看我們不順眼或說不中聽的話、付帳單、排隊等待、燒焦飯菜、犯了個普通的錯誤——你可列舉出它們，我們因它們而氣急敗壞。

焦慮不安的根源，是當生活以任何方式與我們的期望不符時，我們不願去接受它。很簡單，我們希望事物以某一特定方式發展，但它們並不如此發展。也許班傑明·富蘭克林（Benjamin Franklin）說得最好：「我們有限的理解力，我們的希望和恐懼變為我們生活的標準，而當情況不符合我們的想法時，它們就成了我們的困難。」我們將生活花費在想要所有事物、人們和情況成為我們希望的樣子——而當事與願違時，我們抗爭，我們痛苦。

治癒嚴肅的第一步便是承認自己有問題。你必須有所改變，變得更隨和。你必須看到，你自己的焦慮不安主要是出於你自己的創造——它是由你自己建立的生活方式以及你反映生活的方式所組成的。

下一步就是去理解你的期望與你的受挫程度之間的連

繫。每當你期望某事成為某一特定方式而它卻沒有，你就
會不安並感到痛苦。另一方面，當你放棄你的期望，當你
接受生活的本來面目，你就自由了。太過於固執就會嚴肅
和焦慮。放得開就會高興起來。

　　一個好的練習便是盡力去不抱希望地度過一天。不要
期望人們會友好。當他們不友好時，你不會驚詫和煩惱。
如果他們友好的話，你將會高興。不要指望你的一天沒有
麻煩。相反，當麻煩出現時，對自己說：「哈哈，又有個
困難要去克服了。」當你以這種態度度過你的一天時，你
就會注意到，生活將會多麼美好。不要對抗生活，你要與
之共舞。很快，透過實踐，你將會使你的整個生活輕鬆起
來。而當你輕鬆起來時，生活就更有樂趣。

擁抱積極思想

　　成功的第一步往往從人們的思想開始，如果人們頭腦中的意識與成功的方向相悖，那麼無論怎麼做都難以成功。我們最忌諱的就是手頭做著這件事，腦子裡卻想著相反的事情。任何事情要想做成，都必須先在頭腦中形成一個模式，然後按照這個模式一步一步地去做。

　　如果一個人腦子裡總想著自己很窮，那麼他很難變得富有。如果我們想，我們就有可能得到；如果不想，那根本就不會得到。如果從思想上想著你肯定失敗，那麼你怎麼能獲得成功？

　　腦子裡總想著黑暗、沮喪、失敗、絕望，那只會使人變得越來越消沉，以致一事無成。即使你做了很多努力，也於事無補。所以最根本的就是要找到一個正確的思想導向，走向成功。

　　很多人都沒有一個正確的思想態度。從某種意義上來說，他們壓制了自己很多能力，因為他們的思想沒有很好地配合自己的行動。他們通常都是手裡做著這件事，腦子

裡卻想著相反的事情。他們從不會對勝利充滿信心，用積極的態度對待自己正在進行的工作，對待自己想要得到的事情，他們總是生活在消極的狀態中，或是沒有信心，或是迴避。

有追求財富的野心，但思想上總是想著自己很貧窮，或是對自己的能力持懷疑的態度，明明要到南方去，卻駕著車往北走。懷疑自己的能力對走向成功毫無益處，結果只能導致失敗。

要想成功的人就必須採取積極的態度，對成功充滿信心，當然這不等同於盲目自大。他的想法必須上進、有創造性和建設性，並且一定要樂觀。

人們總會向著自己所想的方向發展。如果你總想著貧窮、匱乏，那麼你就會向著那個方向發展。反之亦然，如果你千方百計地抵禦、拒絕關於貧困的想法，那麼你就會向著富有進步。

很多人都有一種交叉目的。說心裡話，我們都想變得富有，但是我們心裡又深深地認為我們很難變得富有，同時這種意識支配了我們的行為。其實，正是由於我們保持貧窮的態度，對自己能力的懷疑，不自信，或是畏懼，這些注定我們不能擺脫貧窮。

　　我們一定不能在自己拚命賺錢的時候還在思想上認為自己不會富有。我們一定要保持一種積極的思想態度。你要是有那種貧窮的想法，就會給人貧窮的印象，錢就不會找上門來。

　　每當你抱怨一次：「我很窮，我永遠也做不到像別人那樣，我永遠也不會變得富有，我沒有別人那麼有能力，我是個失敗者；幸運不屬於我。」你就在自己成功的路上多放了一塊絆腳石，你也就越來越難以打消這些消極想法。你每重複一次，它們就在你的意識中扎得更深一些。

　　思想就像磁鐵一樣，能夠吸引類似的事物發生。如果你腦子裡總在想著貧窮和疾病，那麼貧窮和疾病就很有可能到來。你頭腦中想著一種結果，而你做出另一種結果的可能性是不存在的，因為你的行為是受思維意識支配的。你做出的成就一定是先在思維裡成就的。這就是說，一件事情你一定是先在頭腦裡想著：我要做好這件事，之後你才可能付諸行動把這件事做好。而你思維中根本沒思慮過這件事，你的行為卻自動做好了，這種情況是很難發生的。

　　如果你總想著生意不好，總抱怨沒有天時、地利，擔心生意會每況愈下，那麼結果就會如此。無論你工作多麼努力，只要你思想中充滿了對失敗的恐懼，那麼你的一切

努力都會付諸東流，成功也會離你遠去了。

害怕失敗、害怕丟臉使很多人失去了成功的機會。這種焦慮不斷折磨他們，使他們洩氣，使他們失去成功所必需的高效的工作。

積極地對待事物的態度就是從光明的、有希望的角度出發，並且對自己充滿信心，丟掉一切懷疑和躊躇不前的想法。相信最好的事情會發生，正確的就一定會勝利，真理最終會戰勝謬誤，和諧與健康是世界的本來面目，不協調與疾病都只是暫時的，這就是樂觀主義的態度，最終會改變世界的態度。

樂觀主義是建造者，它帶給我們的就是太陽所給予花草樹木的；它是思想的陽光，它鑄造了生命、美麗和成長。我們的思想在它的普照下茁壯成長，就好像花草樹木在太陽光的照耀下繁茂生長一樣。

悲觀主義是消極的。它就像是一個黑暗的地牢，毀滅了一切生氣與繁榮。「死刑」正在等著那些總看事物陰暗面的人。他們頭腦中只有罪惡、失敗和醜惡，那麼等待他們的也只有這些。

沒有東西能吸引自己的異類。它們都是透過向外界展示自己的特質，然後藉此吸引同類。如果一個人想要變得

快樂又富有，那麼他必須持有一種快樂而大方的態度，不能縮手縮腳、斤斤計較。而那些總對貧窮具有恐懼心理的人，通常都會變得貧窮。

如果你不想自找麻煩，那就停止想那些無謂的瑣事吧；如果你想變得富有，那就停止想一切和貧窮相關的事吧。不要總想那些你擔心害怕的事，它們是你成功路上最大的絆腳石。丟掉它們，盡你所能去想一些積極的事情，你會驚奇地發現，你如此之快地就得到了你想要得到的事情。

我們對待工作或理想的態度會直接影響我們怎樣去完成它們。如果你對待工作的態度像奴隸被鞭打著去工作一樣，把它看成是個苦差事；或者你對自己所從事的工作不抱任何希望，認為除了賺口飯吃，就不會再做出什麼驚天動地的事了；亦或是你認為前途黯淡，一生中充滿了貧窮、剝削與辛勞；甚至認為你生來就是過這種痛苦生活的，那麼你所能得到的也就只能是這些，別無其他了。

但如果換個角度去想，無論你現在多麼貧窮，你總是保持樂觀的態度，期待一個更好的將來，認為自己總有一天會跳出這單調的工作，進入一個多彩的世界，美好、舒適、快樂正在等著你，頭腦中很清楚自己的目標，並且不斷地向著這個目標努力，相信自己有能力成功，那麼你一

定會有所成就的。

也許有些事情看來毫無可能，但只要我們能堅持認為有一天一定會找到可行的辦法來完成，那麼思想就會逐漸進入一種創造性的狀態，去吸引那些我們需要的東西，最終使我們成功。

世上還從沒見過一個意志堅強、充滿信心、並不斷向著自己的目標努力的人沒有做出點成績來的。願望會變為動力，最終變為現實。

努力使你的思想變得積極、振奮，不要允許它有一刻去懷疑你自己能否做到正在做的工作。這些懷疑是很危險的，它們會破壞你的創造能力，壓抑你的目標。一定要經常對自己說：我必須得到我所需要的東西，這是我的權利，我一定能行。

如果你認為你注定會成功、健康、快樂、對社會有所貢獻，世界上沒有任何東西能夠阻擋你去獲得這些，這種思想就會有一種奇特的累積作用和磁力作用，幫助你成功、幫助你得到你想要改變的東西。

堅定地持有這種積極的思想，一段時間後你會驚奇地發現，那些你曾為之瘋狂、為之奮鬥的目標竟已來到你的面前。

拒絕成為環境的囚徒

人不能成為外界的傀儡、環境的奴隸，我們要努力創造適合自己的環境和條件。沒有事情是毫無理由的，這個理由就是我們的思想。我們對待事物的思想態度會創造成功或失敗的環境。而我們工作的結果將會自動地與我們的思想靠近。積極的思想態度創造積極的結果。而不協調的、焦慮的、沮喪的思想態度也會使我們的思維變得消極，從而在我們的成功之路上設定了各種障礙。

我們的行為就像是思想的僕人，我們想什麼，它就會反映出什麼。如果我們認為自己可靠，有能力，那麼在意識的指導下，它就會發揮出最大的潛能。如果我們感到恐懼，它也會變得畏首畏尾。

消極的人等待事情的發生。他們覺得無論以什麼方式，事情都會發生，他們是改變不了什麼的。所以世界上的任何奇蹟是不可能靠他們創造的。

那些思想積極的人卻恰好相反，用他們的創造性、啟發性、他們的勇氣和堅定，創造著一個又一個的奇蹟。積

極的人不會坐以待斃，他們會積極地去創造條件讓自己所期望發生的事情發生。要知道石頭自己是不會動的，你必須去推它才能讓這頑固之石離開原有的位置。

許多人由於外界的影響而喪失了自信，他們本來積極的思想變得消極起來。他們逐漸失去了心中的信念。這一切也許都來自別人對自己的評價，來自自己對自己的評價，從而認為自己有很大缺陷。這些微妙的思想起伏將逐漸消磨他們的積極性。長久下去，這些可憐的受害者不再像以前那樣精力充沛地對待任何事情。他們漸漸失去了果斷，開始懼怕決定一些重要的事情，他們的思想也變得優柔寡斷。這樣他們不再是以前威風凜凜的領導者，而是現在低人一等的隨從。

那麼如何積極地處理這種事呢？我們認為，應當從內心堅定不移地相信自己，充滿自信地期待，換句話說，也就是將所有的精神與意志全部集中在我們的期望與解決問題的方法上，只有這樣我們的意志力才能幫助我們實現自己的期待與理想。那些強烈的期望將賦予我們活力，使我們積極完成自己的目標。

我們強烈的願望以及爭取某件事情的決心在我們的心中建立了一個模型，這樣我們的意志將按照這種模型努力

把它再現於現實生活中。這是一幅精神圖畫，為我們帶來了積極性、建設性與創造力。

　　一個充滿期望的人，他決心去實現自己的目標，他會總是將自己的理想銘記於心，果斷地消滅阻止他獲得成功的敵人，擺脫懦弱與優柔寡斷，為自己的理想而努力奮鬥。

　　在我們的內心深處有一種神祕的力量，我們無法解釋，但有時我們可以感到它的存在，它彷彿會化成一種命令驅使我們去完成預定的目標。

　　例如，如果你一直在想並告誡自己是一個微不足道的人、一條「可憐蟲」，而且你不像別人那麼好，那麼不久你將會相信這一點，你的潛意識就會接受這一點。這時你的精神機器開動了，在你的思想裡，它開始為你塑造一個小人物的模型。如果你還是一再表現出那種不自信、懦弱以及沒有能力的想法，那麼這個模型很自然地就會再現於你的現實生活中，那時你將不得不接受軟弱、失敗與貧窮。

　　相反，如果你勇敢堅定地相信自己是這世界上所有美好事物的繼承人，所有美好的東西都屬於你，得到它們是你與生俱來的權利，並且你總是表現出一種王者的風範，

確定你將實現自己這一生之中最偉大的理想，相信力量屬於你、健康屬於你，任何疾病、懦弱與混亂都將離你而去，如此積極地思想，將具有極強的創造力，為你帶來的不是毀滅，而是所有你所期望的東西。

積極地具有建設性的思維意味著健康與財富，我們將因此成為一個有能力的人；而消極的思維則意味著不幸、疾病以及所有其他折磨。積極的思維是我們的保護神，保護我們免遭貧窮疾病的折磨。

在失敗者的大軍中，絕大多數都是有著消極思維的人；而在勝利者的陣營中，他們則都是一些擁有積極向上、具創造性、建設性思維的人。

一種積極向上、充滿活力的精神態度是我們最好的保護神。

當我們由於判斷失誤，做了一筆虧錢的買賣，或進行了一次錯誤的投資，或其他類似的傻事，使我們失意時，消極的思想態度是無法讓我們進步的。當我們犯錯或是遇到不幸，我們多多少少會感到洩氣、沮喪、心理不平衡；這時我們心理上一定很想擺脫當時的焦慮與不安，重新找回自信和舒適的感覺。當我們思想上消極的時候，也就是我們最懦弱的時候。

　　只要我們保持積極的思想，並不斷加以創造，那些洩氣的、沮喪的消極思想就沒有機會占據我們的頭腦。只有當我們無所事事的時候，恐懼、擔心、焦慮、憎恨、嫉妒等才有機可乘，去破壞我們的心智。而當積極的思想正在忙於某事時，我們根本無暇理會那些消極思想。所以試著讓自己忙起來就會擺脫那些消極思想了。

　　頭腦其實也像士兵一樣，需要被指揮並確定方向才能前進。大腦是不會停止工作的，除非你強行勒令它不去工作，或是受到了什麼創傷。所以你要給大腦一個正確的方向，這樣它才會朝著正確的方向越做越好。

　　通常思維的堅韌性和持續性會直接影響到人們的工作效率。很多人在思想上都很軟弱，缺乏韌性，所以他們很難在完成一項工作的時候，始終投入足夠的精力和注意力。

　　初次見面後，我們就很容易判斷出一個人的思想是堅強，還是軟弱，因為他所說的每一句話多多少少都會顯露出他的思維習慣。

　　積極思想的人是最有力量的。有些人在思想上非常積極，具有很強的征服力量，以至於普通人只能去追隨他們、服從他們。世界都不得不屈服於這種強大的人們，他

們的出現就帶著一種威懾力，他們的每一句話都是命令、都是真理。

其實人們也不斷地在分析追隨某個人的原因，但同時他們還是不得不本能地去服從這種強大的精神動力。

有些人我們只見過一次，就被他所深深吸引了。他們給人一種十分積極而有力量的感覺，以至於我們不能不本能地被他們領導，並深信他們一定會成功，事情都會按照他們的意志發展。而另一些人則顯得很消極、軟弱、冷淡，我們很自然的就會認為他們是弱者、是失敗者。要想讓別人感到你的力量，就必須表現出積極向上的一面。

有藝術的美妙之處就在於它帶給生命一種永恆的歡暢。如果我們經過正確的訓練，這對我們來說不是一件難事。但如果你的思維總處在一種消極、沒有創造性的狀態，那麼你也就漸漸變得愚鈍而缺乏創造力了。

如果一個大學生在進入社會之前，沒有進行過正確的人生態度教育，那麼可想而知他很快就會被社會所摧毀。他對自己的懷疑、對未來的恐懼、不自信以及他膽小消極的思想態度最終會侵蝕他本性中積極上進的一面，從而也毀滅了他自己的人生。

對於一個學生或一個年輕人來說，相對於在課堂上所

學的那些拉丁語、希臘語或哲學，能夠學會如何使自己的
頭腦更具創造力顯得更有意義。他們應該使自己的頭腦變
得更加靈活、更加積極，避免那些會使自己頭腦變得遲
鈍、沒有創造力的東西。

　　一種積極、靈活的思維能夠提高我們的創造力，使我
們的頭腦更具建設性，這樣的思維在我們所有的精神素養
中是最重要的。如果你的思想變得消極、變得遲鈍，如果
你缺乏主動，那麼你就應該改變這樣的思想，在對待任何
事物時，都應當持有一種積極的思想態度，只有這樣你才
能夠在現實生活中更加積極主動，而結果將更加具有建設
性。消極的思想與完全靜止的思想還存在著很大的差異，
那種消極的思想比完全靜止的思想帶給我們的損失可能要
多得多。

　　我們的精神將為我們織出我們想要的圖案。它們將在
現實中複製我們的理想，不管這種理想是什麼樣子的，不
管它的樣子是混亂的還是和諧的，錯誤的還是正確的，懦
弱的還是勇敢的，我們的精神都將如實地將它們表現在現
實生活中。思想中的模型將很快成為現實中的真實。你應
當時刻充滿自信，不斷告訴自己，你現在的樣子就像你所
期望的那樣。請注意，你應當確信你現在就是那樣的人，

而不是將來會成為那樣的人。這樣思考對你是很有幫助的，你會驚奇地發現自己的理想很快就會變成現實，你將真正具備你所期望的那些素養。

你的思想為自己建立一個模型，一個健康的模型，一個完美無瑕的模型，時刻將這種模型銘記於心，那樣我們將會得到意想不到的結果。

我們所要做的就是將那些至關重要的有利於我們發展的品格在思想中永遠置於第一位，摒棄負面的東西，在思想中消滅所有可能減弱我們創造力的東西。

第三章

提升競爭力

創新是競爭的基石

　　對於取得關於自然、社會、以及心理的客觀知識來說，科學僅僅是一種方法。創造性的藝術家、哲學家、人道主義作家，甚至其他類型的勞動者，也都可能成為真理的發現者。他們也應像科學家那樣備受鼓勵，而不應該被看成是不可雕塑的，甚至看成是兩個世界的。

　　在某種意義上講，科學家若有幾分詩人、哲學家、甚至夢想家的氣質，在他的狹隘的同事當中幾乎是佼佼者。

　　在這一心理學的多元論的前提下，我們假設科學是各式各樣的才能，是動機和興趣的一種和諧安排，那麼，科學家和非科學家之間的界線就變得模糊了。對科學概念進行評價和分析研究的科學哲學家肯定更接近於純理論的科學家；而且，後者和技術研究的科學家距離更遠了。提出有條理的人性理論的劇作家和詩人接近心理學家，其程度勝過後者，接近工程師。科學歷史學家可以是一個歷史學家或者科學家，哪一個都行。一個對患者的健康狀況作細緻研究和實驗的臨床心理學家或醫師，可能會從小說中汲

取更多的營養。

其實，我們根本沒有辦法可以將科學家和非科學家絕對地區分開，我們甚至不能把從事實驗研究作為一個標準，因為有很多以科學家的名義領薪水的人從來沒有，而且永遠也不會做一個真正的實驗。一個在二專教化學的人，雖然在化學方面沒有任何新發現，只讀過化學雜誌，依照烹飪書式的教科書重複他人的實驗，他也認為自己是位化學家。這個人還不如一個對化學反應發生了一種持續興趣的 12 歲的學生，或者對可疑的廣告宣傳進行核實的多疑的家庭婦女，也許他們距離一個科學家的標準（具有科學精神）還有很長一段距離。

一個研究協會的主席在哪方面仍然是一個科學家？他的時間也許完全用在做行政和組織工作上，一直到離任，然而，他也一本正經地稱自己為科學家。

如果一個理想的科學家應該集創造性的假設者、細心的實驗檢查者、哲學體系的創立者、歷史學者、工藝學家、組織家、教育家、作家、宣傳家、應用者、以及鑑賞者於一身，那麼，我們可以很容易地想像到，理想的科學小組也許應該由至少幾個獨特的，能發揮不同作用的專家組成，這些專家中沒有人會稱自己是一個無所不能的科學家！

　　值得注意的是，在我們指出科學家與非科學家的區分
過於簡單的同時，還存在著一個重要結論，即從長遠的觀
點來看，專業過於狹窄的人是成不了大事的，因為那樣，
他作為一個完整的人就不免有所損失。一般化的、全面的
健康人與一般化的殘疾人相比，前者能夠做更多事情。

　　也就是說，一個企圖透過壓抑自己的衝動與感情，成
為非常純粹的思想家的人，結果反而成了一個只能以病態
的方式思考問題的病態的人，即，他成了一個糟糕的思考
者。一句話，我們可以認為，一個有一點藝術家修養的
科學家，比起一點藝術修養也沒有的同事，是更好的科
學家。

　　假如我們研究個人歷史檔案一番，這點就非常清楚
了。我們偉大的科學人物通常都有廣泛興趣，並不是狹
隘的「純」科學家。從亞里斯多德（Aristotle）到愛因
斯坦，從達文西（Leonardo Da Vinci）到佛洛伊德（Sig-
mund Freud），這些偉大的發現者都是多才多藝的，他們
具有人文主義、哲學、社會以及美學等方面的興趣。

　　概括地說，依照科學的多元論可知，邁向知識和真理
的途徑有很多條，創造性的藝術家、哲學家、人道主義作
家，無論是作為個體，還是作為單一個體中的若干側面，

都能成為真理的發現者。

在同等的條件下，一個愉快的、無憂無慮的、安靜的、憂慮的、不安定的、以及不健康的人，我們可以認為他是更好的科學家、藝術家、機械師或行政官。精神病人歪曲現實，苛求現實，把過早的概念強加給現實；他們害怕未知的、新奇的東西；他們過多地受忠實地記錄現在這種人際需要的制約；他們太容易受驚恐；他們太渴望他人的贊同⋯⋯

這個事實至少有三種涵義，科學家，更恰當的說法應該是真理的追求者，為了做好他的工作，在心理上應該是健康的，而不是病態的；再者，當一種文化改善了，社會的全體人民的健康也隨著改善，對真理的追求也改善了；另外，我們應該認為，心理治療可以使科學家在個人作用方面得到改善。

我們已經承認這樣一個事實：社會條件的改善通常有助於知識的探索者。在這樣的條件下，我們能追求學術的自由，有較好的工作條件，有較豐裕的薪水待遇等等。

探索科學知識

　　從科學的範疇來看，這不是論述傳統科學，而是批判傳統科學 —— 批判它所依據的基礎，它的未經證明的信念，它認為理所當然的定義、公理和概念。事實上，科學必須作為哲學中的一種哲學知識來審查的，它應拒絕那種傳統的但未經審查的信條 —— 傳統科學是達到知識的途徑，或甚至是唯一可靠的途徑。無論是從哲學、史學角度，還是從心理學、社會學角度，我都認為這種慣常的看法十分幼稚。

　　傳統科學作為一種哲學的原則，是種族中心主義的，是西方的而不是全球的。「常規」科學家沒有意識到，科學是時間和空間的產物，不是一種永恆的、不可改變的、必然不斷前進的真理。它不僅在時間、空間和區域性文化上是相對的，而且從特性學的角度上看也是相對的，因為我們相信，與一種更成熟的、普通人性的、全面廣闊的生活觀相比，傳統科學不過是那種謹小慎微的、強迫執著的世界觀的一種遠更狹隘的反映。在心理學領域中，這樣的

弱點變得突出了，因為心理學的目標是了解人和人的行為
與工作。

　　儘管有許多偉大的科學家曾經避免了這樣的錯誤，儘
管他們寫過許多論著印證他們更廣闊的科學觀，把科學看
作幾乎與一切知識同義而不僅僅是以受到尊崇的方式達到
的知識，但遺憾的是，這些論著沒有得到廣泛的傳播。

　　正如庫恩（Thomas Samuel Kuhn）所說，「正規科
學」並不是科學的巨匠 —— 正規化制定者，發明家，改
革家 —— 所建立的，而恰恰相反，是由「正規科學家」
的大多數所建立，他們很像那些微小的潛水動物在建造一
座共同的珊瑚礁。在這種前提下，科學開始被理解為主要
代表耐心、謹慎、細緻、慢功夫、不出錯的藝術，而不是
勇敢、大膽地爭取巨大的可能性，孤注一擲和全力以赴的
精神。

　　或者換一個說法，這一認為科學是機械論的和非人性
的傳統看法，在我看來似乎是一種更廣大、更概括一切
的、機械論的和貶低人性的世界觀的區域性宣告或表現，
如對這一發展過程有興趣，可以閱讀弗勞德·馬森的《殘
破的形象》中的精彩論述。

　　但在二十世紀，尤其是 1940、50 年代，一個對抗的

哲學一直在迅速地發展，同時興起一般反叛機械論的和貶低人的人性觀和世界觀的浪潮。或許這可以稱為一種對於人和人的能力、需要和抱負的再發現。這些以人性為依據的價值，正被重新納入政治、工業、宗教領域中，而且也納入心理學和社會科學中。

我們可以下這樣的結論：雖然使星體、岩石和動物擬人化是沒必要的，但我們卻越來越強烈地意識到完全沒有必要貶低人類或否認人的目的。

科學中正逐漸融入以人性為依據的價值原則，甚至在非人類的和非人格的科學中也出現了某種程度的重新人性化。這一改變是一種更廣大、更「人本主義」的世界觀的一部分。

在當前，這兩大哲學趨向 —— 機械論和人本主義的趨向 —— 是同時存在的，就像遍及全人類的兩黨制一樣。但需要指出一點，「再人性化」作為一種世界觀必須是終局之談，甚至在「再人性化」確立之前，超越它的一種世界觀雛形已經可以辨認出來了。

馬斯洛認為，他自己使科學和知識重新人性化（特別是在心理學領域中）的努力，正是這一更廣闊的社會發展和理性發展的一部分。很顯然，它是符合時代精神的，貝

塔朗菲（Karl Ludwig von Bertalanffy）在 1949 年指出：

「科學的演化如果說是一種在理智真空中的運動，例如，它既是歷史發展過程的一種表現，又是這一過程的驅動力。我們已經看到機械論的觀點如何投射到文化活動的各個領域。它的基本概念 —— 嚴密的因果關係、自然事件的相加性和偶然性、現實的終極因素的超然性等等 —— 不僅支配著物理學理論，而且也統治著生物學的分析觀、相加觀和機器理論觀、傳統心理學的原子論和社會學的「一與全的對立」。承認生物是機器，現代世界的統治靠技術和人類的機械化，不過是物理學機械論概念的延伸和實際應用而已。科學中近期的演化象徵著理智結構中的一大改變，它足以和人類思想中的歷次偉大革命並列而毫無遜色之處。」

馬斯洛於 1934 年以另一種方式對此做了說明：

「在心理學中，對根本論據的尋求本身就是一整套世界觀的反映，即一種科學的哲學，它假設有一個原子論的世界 —— 其中，複雜的東西是由簡單的元素構成。這種科學家的首要任務就是把所謂的複雜還原為所謂的簡單。還可以用分析法完成，透過越來越精細的分割達到不能再簡化的元素。這項工作在科學中的其他領域曾取得很大的

成功,至少在一個時期是如此。在心理學中並非如此。這
一結局突出全部還原嘗試的根本理論性質。我們應該意識
到,這一嘗試並不涉及全部科學的基本性質。它只是科學
中一種原子論的、機械論的世界觀的反映或蘊涵的活動,
我們現在有足夠的理由懷疑這種世界觀的價值。因此,抨
擊這種還原嘗試,並非抨擊科學整體,而是抨擊對待科學
的一種可能的態度。」

在同一篇論文中他繼續寫道:「這一人為的抽象預想
或用還原的元素進行操作,曾經很發揮作用並已成為一種
習慣,使抽象者和還原者很容易對任何否認這些習慣的經
驗效度或現象效度的人深感驚訝。他們經過平穩的階段已
使自己信服,這就是世界真正構成的方式,而他們會很容
易地忘記,儘管抽象是有用的,它仍然是人為的、慣例化
的、假設的。」

「簡而言之,這是一種人造的系統,然後強加給一個
流動中的、有內在結構的世界。如果只是為了方便說明問
題,這些關於世界的特殊假設有權在常識面前炫耀。但當
它們不再能提供這種便利時,或當它們變成障礙時,我們
必須拋棄它們。如果只看到我們強加於世界的東西而看不
到真實的世界,那將是非常危險的。讓我們說得更明白

些 —— 在一定意義上講，原子論的數學或邏輯是一種關於人為世界的理論，心理學家可以拒絕接受依據這種理論對世界的任何說明，因為這並不適合他的目的。很顯然，方法論的思想家有必要繼續前進並創造新的邏輯與數學系統，使之更適合現代科學世界的性質。」

在心理學和人類文化學領域中，傳統科學的弱點表露得最明顯。事實也的確如此，當人希望認識人或社會時，機械論的科學就完全破產了。總之，論述科學心理學主要是在心理學領域內做出的一項嘗試，力求擴充科學的概念，使它更有能力研究人，尤其是研究充分發展和人性豐滿的人。

這不是一種引起分裂的嘗試，也不是用一種「正確」的觀點反對一種「錯誤」的觀點，更不是扔掉什麼東西，而是作為一個樣本提出的整體的科學和整體的心理學的概念，並且沒有拋棄機械論科學，將其包容在裡面，並且包容機械論科學。機械論科學（在心理學中呈現為行為主義）並非不正確，而是太狹隘並有局限性，不能作為一種整體的或全面的哲學。

提升競爭力從性格做起

　　整體來看，科學可能作為一種防禦手法。科學可能成為一種安全哲學，一種保險的體系，一種避免焦慮和煩憂的複雜方法。發展到一定程度，它便會成為一種迴避生活的方法，一種退隱的方式。它可能變成一種被掌握在某些人手中的社會機構，這種組織的主要功能是防禦和保守，強調秩序和穩定而不是發現和更新。

　　科學這一事業最終可能變成功能自主的，像一種官僚體制一樣，忘記了它最初的意圖和目標，變成一種反對革新、創造和革命的「萬里長城」，甚至反對複雜的新的真理。

　　這種官僚可能真正地變成隱蔽天才的敵人，正如批評家往往是詩人之敵，牧師往往成為神祕論者和先知之敵。不過也恰恰正是因為後者，牧師的教堂才得以建立起來。

　　然而，這也正是這種極端觀點的危險所在。

　　假設科學的功能不但是革命的，而且像所有社會機構一樣，也有保守、穩定和組織的作用，那麼又如何避免

這一保守功能的病態化呢？我們又如何能使它保持「正常」、健康並富有成果呢？

解決方案是要更加注意每一個科學家的心理狀態，要充分承認他們在性格方面的個體差異，要意識到科學的任何目標、方法、概念都有可能在個人中或在社會機構中變得病態化。如果這樣的個人很多，那麼他們可能「俘虜」科學機構並把他們的狹隘觀點定義為「科學的哲學」。

人與人之間的互通活動所產生的矛盾，與個人內部的衝突非常類似。在畏懼和勇氣、防禦和成長、病態和健康之間的抗爭是一種永恆的、心靈內部的抗爭。我們從個人內部的這一衝突的病理和治療中已經學到一個重大的教訓。站在勇氣、成長和健康一邊，也意味著站在真理一邊，特別是因為健康的勇氣和成長就包含著健康的清醒、審慎和堅韌。

這種持久的衝突，在後退與前進、保守與大膽等等之間進行日常抉擇的必要性，是科學家生活中的一個必須分析和內在的部分。科學知識是「個人的」，它必然涉及判斷、鑑賞、信念、冒險、行家資格、奉獻、責任心。

應該強調的是，許多思想病態化是由二歧化引起的，與蘊含豐富的、整合統一的、協同一致的思維恰恰相反。

二歧化是將融合成整體的東西分成幾份，變成多種不同的東西，但這些被分開的東西似乎還是一個整體和自給自足的存在物，但它實際上是分隔開的和孤立的。然而，膽識和審慎卻可使二歧化也能彼此結合在一起。和審慎保持整合狀態的膽識在同一個人的內部非常不同於未經錘鍊的膽識（僅僅有膽量），後者會因此轉變為魯莽和缺乏判斷力。

有健康膽識的人的明智審慎不同於和膽識分割開的審慎，後者往往是一個殘疾人或一個癱瘓的人。優秀的科學家必須是既能多變又具有極強的適應能力的人，也就是說他必須在需要時能審慎和懷疑，而在另一種需要時又能敢想敢做。這聽起來有點像對一位直覺的廚師的不十分有益的介紹，說他能「恰當地調味，口味不鹹也不淡」。但科學家的情況有所不同，因為對於他來說，有一種判斷「恰當用量」的方法，也是發現真理的最佳方法。

在這裡請注意一下，「歇斯底里傾向」和「精神分裂傾向」兩者對於全面發展、多才多藝和靈活柔韌的科學家都是合乎標準的條件。兩者和他的人格的其他方面不是分割開的，也不是病態的。很難設想極端的歇斯底里患者、極端的精神分裂患者想成為或能成為科學家。極端的強迫

症患者可能是某種類型的科學家，或至少是技術專家。

通常的科學家和革命學家之間的區別只是在於成熟度不同而已，就好像區分少年男子與成熟男子一樣，僅此而已。男性關於未來應該成為怎樣的人的想法更適合「通常的」科學家形象，更接近強迫症性格、實際的技術專家，而不是偉大的創造者。

如果我們能更進一步地理解少年對成熟的誤解和真正成熟之間的差異，我們就能更好地解釋為什麼會有對創造性的深深畏懼和抗拒病態恐懼的防禦。這又會使我們明白，在我們每一個人的內部都會有針對我們自身自我實現和我們自己最高命運的永恆奮鬥。女性更容易把不成熟理解為一種歇斯底里形態，但這和科學家的關係不大。

男孩在進入青春期前後，往往會有一種心理矛盾，他們既留戀童年時代又渴望成熟。童年期和生長期兩者各有樂趣又各有不利條件，但生物學和社會都不容他自由選擇。他事實上是作為一種生物在生長著，而社會一般總是要求他遵循文化傳統。

也正是基於此種原因，他不得不強迫自己脫離對父母的愛，而這類情況在我們的社會中廣泛存在。這是一種拖他倒退的力量，他與它作戰。他力圖達到既獨立又自由的

境地，不再依賴女人。他要與男人為伍，成為他父親的一個獨立自主的合作夥伴而不是盡責的孝順的兒子。他認為男人是堅強的、無畏的，不受困難和痛苦的干擾，能擺脫情感的束縛，有權威的、急躁的，發怒時令人生畏，是能震撼世界的人物、實幹家、創造者，是世界的真正主人。所有這些他都力圖做到。他淹沒自己的畏懼和膽怯，是以他的抗拒病態恐懼的防禦手法做得過分了，不拒絕任何挑戰或挑逗。他愛招惹女孩，嚇唬她們，使她們心驚肉跳，不論小女孩還是大女孩都不放過了，並以此為樂。他戒掉溫柔、愛的衝動、同情、憐憫，力圖成為堅強的或至少顯得堅強。他向成人宣戰，向當局、向權威、向所有長者開戰，因為最根本的堅強品格就表現在不畏懼長輩上。他努力想把將統治自己一生的長輩甩到永遠看不到的地方，甚至從自己的心靈中驅逐出去，儘管他仍然感到有一種依賴他們的思慕之情。當然，這些長者在某種程度上仍然是真正的統治者，並認為他是一個非常需要照顧的孩子。

如果我們平時留心對周圍事實的觀察，那麼就會發現這些概念的存在並在我們面前展現。例如，我們可以在牛仔的形象中發現這些概念，在頑固的遊蕩者或集團頭目，在「無畏的福斯迪克」型的密探，在聯邦調查局的調查

員，或許在許多「運動員」那裡也能發現它們。

在這裡，我們來具體討論一個例子，看看典型西部電影牛仔形象中的演出和幻想因素，最突出特徵全都顯示在影片中。他既無畏、又堅強，「自行其是」。他殺人不眨眼，而且是以一種神奇的、滿足願望的方式做的：他從不會失誤，而且沒有血跡、痛苦困境。除他的馬以外，他不愛任何人，至少他不表現出他的愛，除非是在最輕描淡寫的、暗示的、與英國人相反的方式中表現。他更少有對女人的浪漫或溫柔的愛。他在一切方面都可以想像為遠離脂粉氣的另一極，而在脂粉氣的王國中，他融入了一切藝術、一切文化、一切才智、教育和文明。所有這些在他看來都是女子氣，包括潔淨、任何一種情感、臉部表情、秩序或宗教，或許憤怒除外。古怪的牛仔沒有孩子，也沒有母親、父親、姐妹，但可能有兄弟。這裡值得注意的一點是：雖然有大量凶殺，但很少有流血、殘廢或劇痛。這裡往往有一種統治的等級，或良好的秩序，而身為主角的英雄總是在等級的頂端俯瞰一切。

只有在年齡上和在人格上發展都成熟的人，才能稱為是一個真正成熟的人。簡短地說，是不會被他的「弱點」、他的情感、他的衝動、或他的認知嚇住的。因此，

他是不會被一般少年稱之為「女子氣」的特徵嚇住的，他寧願稱這個「女子氣」為人性。他似乎能接受人性，因此他無須在他自身內部反對人性，無須壓制他自身的各個部分，正像一位鬥牛士所說的那樣：「先生，我所做的一切都是為表現男子漢的風格。」這是對於人自身本性的這種接受而不是迎合某一外部的理想，是成熟的男子所特有的品質。因此，他也完全沒有必要再去努力證明什麼，這也是經驗開放態度特有的品質。矛盾心理解決以後的狀態也是如此，即能全心地愛，不帶有恨或怕的色彩，沒有控制的必要。為了更深入我們的論題，我還要說這也是完全獻身於一種感情，不僅指愛的感情，而且也有憤怒和迷戀之情，或完全沉醉於一個科學問題。

感情成熟的特徵與所能發現的有創造力的人物的特徵有很密切的關係。例如，理查·克萊格曾證明，在托倫斯開列的有創造力的人物的人格特徵和我以前曾經開列過的自我實現的人物的特徵有幾乎全面的重疊。實際上，這是兩個幾乎相同的概念。

在這裡，只需要舉一個例子，便能夠說明值得我們憂慮的和擔心的一般科學家表現出的不成熟的特徵問題。現在，讓我們審查一種對控制和排斥過分強調的態度，這是

我在討論少年的不成熟時做過說明的。這些少年對於所有一切他們擔心像是軟弱或女子氣的特質不採取壓抑和排斥的態度。過度防禦、過度強迫或「不成熟的」科學家也是如此，如同他對自己的衝動、感情等基本動力與不信賴相應，在他對控制的強調中，這樣的科學家往往傾向於排斥，設立障礙並緊閉大門，傾向於猜疑。他也很容易對他人的缺乏控制產生厭惡感，衝動、熱情、異想和不可測。他很容易變成冰冷的、節制的和嚴厲的。在科學中他寧願要堅強和冷靜，直到使這些概念成為同義詞。顯然，這樣的想法是切題的，應該受到遠比過去更為細緻深入的考察。

可以這樣說，所有的創始者所關心的都是複雜多變而非簡易的，是神祕和未知而非已知的，向他提出挑戰的是他還不知情的什麼。在他已知答案的謎中，他還能感到有趣嗎？一個已知的謎不是謎。正是不知才使他入迷並躍躍欲試，神祕的東西要求他解答。它具有「要求的品格」，它在向你招手，吸引你，誘惑你。

科學開拓者的感情是最早進入某一未知荒原、未知河流、生疏峽谷的探索者的感情。他並不知道自己正在走向何處，他沒有地圖，沒有先行者，沒有嚮導，沒有老練的

助手，幾乎沒有一點暗示或定向點。他所採取的每一步驟都是一個假設，不知是對還是錯。

不過，偵察兵幾乎極少用「錯誤」一詞。一條已探明的盲徑不再是一條未探明的盲徑。沒有任何一個人需要再對它進行探索。假如要在一條河流的左右兩條支流之間進行抉擇，並曾試探過左邊的一條卻發現它是一條死水，但他並不認為他的選擇是一個過失或錯誤，他肯定不會有任何內疚或悔恨的情感。如果有誰責備他沒有證據就做出抉擇或不能肯定就前進，他一定會大為吃驚。他這時或許會指出，按照這樣的原則和這樣的規則，任何荒原都無法探查。這樣的原則在再探索時是有用的，但在初探時是無用的。

總之，適用於定居者的規則是不能同時用來約束探險者和偵察員的，因為兩者的任務不同。在功能上適用於一方的規則對於另一方卻不適用。知識「最後」階段的標準絕不能用來衡量知識開始階段。

走出屬於自己的路

幾十年以來，人們越來越多地注意到「常規」科學的缺陷和罪過。但是除了林德（S.B.Linder）的卓越的分析外，人們幾乎一直忽視對於導致這些過失的根源的討論。其實，傳統科學特別是心理學的許多缺失的根源在於以方法中心或者技術中心的態度來定義科學。

所謂方法中心，指的是一種對待科學的傾向，認為科學的本質在於它的儀器、技術、程式、設備以及方法，而並非它的疑難、問題、功能或者目的。

簡而言之，方法中心將科學家與工程師、內科醫生、牙科醫生、試驗室技師、吹玻璃工人、尿液分析家、機器看管人等等混淆了。

在思考的最高層次上，方法中心往往呈現為一種特殊的形態，即將科學與科學方法混為一談。如果著重強調精微、醇化、技術和設備的不同避免，通常會產生這樣一種後果：課題和一般創造性的意義、生命力以及重要性遭到降低。幾乎每一個攻讀心理學博士學位的學生都懂得這在

151

實踐中意味著什麼。

實際上，無論一個實驗多麼無足輕重，但只要在方法上令人滿意，它就很少受到批評。而一個勇於向理論基礎挑戰的、有突破意義的問題，由於可能會遭到「失敗」，常常尚未開始被檢驗就被批評所扼殺。

的確，科學文獻中的批評似乎通常只是對於方法、技術、邏輯性等的批評。在我們熟悉的文獻中，沒有哪一篇論文批評另一篇論文無關緊要、過分瑣碎或者意義不大。

所以說，傳統上對學術論文的主題要求得並不高，只要得體即可。總之，傳統科學論文無需再是對人類知識的新貢獻，只要求博士研究生了解其研究領域內的技術方法以及已經歸納好的數據，對於好的研究計畫的重要性通常並不予以強調。結果，顯然是完全沒有創造力的人也可能會成為「科學家」。

從較低層次來看，即在高中和大學理科教學中，也能看到類似的結果。學校鼓勵學生將科學與正確的設備操縱方法以及菜譜中的機械程度連繫起來。簡而言之，遵循他們的指導，重複他人的發現。人們無法區別科學家、技術員或者科學書籍讀者。

當然，需要指出的是，這些論點並沒有貶低方法論的

重要性的意圖，只是想進一步強調：甚至在科學中，手法也很可能與目的混淆。實際上，只有科學的目標或者目的使方法論顯示出重要性和合理性。有作為的科學家必須關心自己的方法，但前提必須是它們能夠幫助他達到自己合理的目的——解決重要的問題。如果哪位科學家一旦忽略這一點，他就成了佛洛伊德所說的那種整天擦亮眼鏡但卻不用眼鏡看東西的人。

方法中心的一個危險後果是：通常被推至科學的統帥地位的人是技師、「設備操縱者」，但絕不是「提問者」和解決問題的人。我們不想製造一個極端的、不真實的分界線，只是要指出只知道怎樣做的人和除此之外還知道為什麼而做的人之間的區別。前者總是有一大批，他們必然是科學界的牧師——禮儀、程序或者儀式方面的權威。這種人在過去不過就是製造點麻煩。不過，現在科學已成為國家和國際上的策略問題，因此，他們也就很可能會成為一個有作用的危險因素。這種傾向顯然是很危險的。因為外行人理解操作者比他們理解創造者和理論家要容易得多。

方法中心的另一個強烈傾向是不分青紅皂白地過高看重數量關係，並且將它視作目的本身。這是因為以方法為中心的科學過於強調表達的方式，而忽略表達的內容。於

是，形式的優美和精確便與內容的中肯和豐富對立起來。

持方法中心論觀點的科學家的特點是，使問題適合於自己的技術，而不是使技術服務於問題的解決。他們通常這樣發問：用我現在掌握的技術和設備可以進攻哪些課題呢？而不是這樣向自己提問：我可以為之奉獻精力的最關鍵、最緊迫的問題是什麼？

如果不是如此，又如何解釋下面的現象呢：大多數科學家將畢生精力投注在一個狹小的區域內，這個區域的疆界不是由關於世界的一個根本問題來劃定的，而是由一件設備或者一種技術的局限性來劃定的。也就是說，這類科學家傾向於做那些他們知道如何做的事，而不是做那些他們應該做的事。

在心理學中，很少有人會體會到「動物心理學家」或者「統計心理學家」這些概念的幽默。它指的是那些只要能夠分別使用自己的動物數據或者統計數據就不在乎它們是否能解決任何問題的人。

這就好像一個醉漢，他不在丟失錢包的地方找錢包，而是在路燈下尋找錢包，理由是：「那裡光線好。」或者，像另外一個醫生那樣，他使自己的病人大為憤怒，因為他只知道一種治病的方法，用唯一的藥方對付所有的疾病。

　　方法中心論最有害的做法就是將科學分成等級。在這個等級中，物理學被認為比生物更「科學」，生物學又比心理學更「科學」，心理學則又比社會學更「科學」。這樣的等級完全依據技術的完美、成功和精確度設想出來的。

　　以問題為中心的科學是不會提出這樣的等級的，因為根據它的觀點，在某種本質上，絕不會有人認為失業問題、種族偏見問題、愛的問題，不如星體問題、鈉的問題或者腎功能的問題重要。

　　方法中心論的弊端就是過於機械地劃分科學的各個領域，並且在它們之間築起銅牆鐵壁，使它們分屬的疆域彼此分離。當有人問 J·洛布（Jacques Loeb）他究竟是神經病學家、人類學家、物理學家、心理學家還是哲學家時，他只回答說：「我不屬於任何獨立領域，我只是解決問題。」

　　假如科學界有更多像洛布這樣的人就好了。但是，我們迫切需要的這些特性卻遭到這樣一種哲學的明確抵制和干擾：要使科學家成為技師或者專家，而不是成為富有冒險精神的真理追求者，即成為懂得什麼的人，而不是思考什麼的人。

　　如果科學家將自己看作是提出問題和解決問題的人，而不是專業技術員，那麼就會有一股洪流湧向最新的科學尖端，湧向那些我們本應了解最多然而實際上卻了解最少的心理學和社會學問題。為什麼很少有人探索這些領域呢？從事心理學問題研究的科學家與從事物理學和化學研究的科學家的人數相差懸殊，這種現象到底是怎樣產生的？讓 1,000 個頭腦敏捷的人專注於生產更先進的炸彈（就算包括更好的青黴素），或是讓他們去研究和解決民族、心理治療或者剝削的問題，兩者哪個於人類更有利呢？

　　總之，方法中心論是科學家與其他尋求真理的人之間以及他們理解問題和尋求真理各種不同方法之間的一道鴻溝。如果我們為科學所下的定義是尋求真理，頓悟和理解、關心重要問題，那麼就很難將科學家與詩人、藝術家以及哲學家區分開，因為他們關心的可能是同樣的問題。

　　但是，最後還應做一個語義學上的區別，而它必須主要以預防錯誤的方法和技術的不同為根據。然而，假如科學家與詩人、哲學家之間的界線不像「常規」這樣不可踰越，這顯然有利於科學。

　　方法中心論僅僅將它們歸於不同領域，問題中心論將

它們考慮為互相幫助的協作者。許多非常敏銳成績卓越的科學家的個人經歷顯示，後一種情況較前一種更接近真實，而且很多大科學家本身又是藝術家和哲學家，他們從哲學家那裡獲得的營養絕不低於從自己的科學同行那獲得的營養。

方法中心論不可避免地會導致出現一種科學的正統，而且會由此產生一種異端。科學上的問題和疑難幾乎極少可以公式化分類或者歸入系統。過去的問題成了現在的答案，而將來的問題尚未出現。而且，有可能用公式表達過去的方法與技術並將它們分類。

於是，這些公式就被稱作「科學方法的原則」，它們被奉為經典並罩上傳統、忠實和歷史的光環，並且通常具有束縛的作用，而不僅僅具有啟發和幫助的作用。在缺乏創造力、墨守成規和謹小慎微的人手中，這些「原則」實際上就是要求我們只按照先人解決他們的問題的方法來解決我們今天面臨的問題。

這種態度對於心理和社會科學特別危險。要做到絕對科學必須遵循如下命令：請採用自然科學和生物科學的技術。

在許多心理學家和社會科學家中間就出現了模仿舊技

術的傾向，而不是去發明或創造新技術以滿足客觀現實的需要。於是，他們的發展程度、研究的問題、他們掌握的數據卻與自然科學存在著本質的區別，因此新的技術是必不可少的。

在科學中，傳統是個危險的「恩賜」，而忠誠則是絕對危險的冒險。

越過文化界線

透過無數年辛勤的探索性研究，人們終於意識到，能夠作為生物學的試金石的人是那些最富創造力、最健康、最堅強和最聰明的人。或者也可以這樣說，他們身為前哨的偵察員，或更敏銳的觀察員，能夠告訴我們這些較不敏銳者什麼是值得我們珍貴的價值。

我們很容易就能選擇出良好樣品，例如，那些在審美上對顏色、形式敏感的人，然後學會讓我們自己順從或聽從他們對顏色、形式、紡織品、家具等等的判斷。

查爾德認為，有經驗的和老練的藝術家有相似的鑑賞力，這甚至是跨文化的。馬斯洛也認為，這樣的敏感不像一般人那樣容易受流行的影響。

心理健康的人是受人歡迎的，他們喜歡的人也肯定受人們歡迎。亞里斯多德在這方面已說過中肯的話：「優秀的人認為是好的，那就真正是好的。」

例如，自我實現者的特徵在是非問題上比一般人較少懷疑。他們不會只因為有 95% 的人不同意他們的看法就迷

惑起來。馬斯洛指出，在他研究的受試者中，往往有趨向一致的是非概念，就好像他們在觀察某一真實的身外之物一樣，而不是在對那些可能會因人而異的好惡進行比較。

馬斯洛說：「我曾利用他們作為價值的試金石，或者，更準確地說，我從他們那裡學習什麼是可能的終極價值。也可以這麼說，偉大人物所珍視的價值也代表了我的價值。換句話說，我會用全身心的精力去追求它，就像在個人身體的某種不可或缺的器官一樣，也就是「論據」最終將會支撐的價值。」

人們的超越性動機論在根本上是以這樣的操作為依據的，即，選擇優越的人，他們也是優越的觀察者，對事實的觀察、價值的觀察也都是優越的，然後利用他們對終極價值的選擇作為整個人種的終極價值標準。

在這裡，我們可以用遠為單純的方式措辭提出這樣的問題：如果選定的是健康人，那他們畢生的理想是什麼？他們的信念是什麼？他們心中不滅的火焰是什麼？什麼才能使他們奮發向上？

從另一種角度看這些問題，興許會有好的效果，如果真像我們所說的那樣，人是一個追求著的、選擇著的、判定著的動物的話，那麼，進行抉擇的問題就不可避免地包

含在任何給人類下定義的努力中。但進行抉擇是一個程序問題，一個關於智慧、有效性和效率的問題。問題接著提出：誰是善擇者？他從哪裡來？他有怎樣的生活史？我們能傳授哪些技巧？什麼東西會損害這種抉擇？什麼東西能幫助這種抉擇？

當然，這些都屬於古老哲學問題：「哲人在哪裡？哲人是什麼？」此外，也是古老價值論問題的新提問：「什麼是善？什麼是合乎需要的？什麼是值得期望的東西？」

應該再強調一次，在生物學的歷史代表我們已經到了一個轉折點，我們現在要對我們自己的演化負責任。我們已經變成自我演化者。演化意味著選擇，因此也意味著做出抉擇，這也就是進行評價。

樂觀面對競爭

　　隱隱約約中覺得我們已處在一種生活的交界處，也已感到主觀生活與客觀生活的連線是一種趨勢與必然。人們期望，由於有這些新的跡象，對於神經系統的研究能有一個巨大的進展。

　　這一研究不是空穴來風，其中一項研究來自於奧爾茲（James Olds），是被埋入嗅腦中隔區電極裡，證明這裡實際上是一個「快樂中樞」。當白鼠弓起身子做出一種姿勢，似乎想透過這些埋入的電極刺激它自己的腦時，它會一再重複這種自我刺激，只要電極仍然埋置在這一特定的快樂中樞。

　　很明顯，痛苦區或不愉快已顯現出來，但當動物得到此機會時，一般會採取拒絕的方式。由此可以看出，這種刺激對動物來說顯得很「寶貴」或合乎需要，或有強化作用，或有獎賞作用，或任何我們可以用來描述這種情境的詞，因此它寧願放棄任何其他已知的外部快樂，包括食物、性等等。

我們現在已有足夠的、類似的人類論據能推論人的情況,說明人也有一些主觀意義上的快樂體驗能以這種方式產生。這一類研究剛剛處在開始階段,但已經在這一類不同的中樞之間做出某些區分,如睡眠中樞,食物厭足中樞,性刺激中樞,性厭膩中樞等等。

可以設想一下,如果讓這一實驗與卡米亞的實驗相結合,那結果定會很喜人,卡米亞實驗利用了腦電圖和操作條件進行,當 α 波頻率在受試者自己的腦電圖中達到一定點時,便給予受試一個可見的反饋。用這種方法讓人類受試能把一個外部的事件或訊號和一種主觀感受的事態相關聯,便有可能使卡米亞的受試建立對他們自己的腦電圖的隨意控制。那就是說,他證明一個人有可能使他自己的 α 波頻率達到某一理想的水準。

卡米亞有一重要發現,那就是在能被測試的條件下,一定水準的 α 波能引起一種沉思的、舒適的狀態。某些跟進的研究以學會東方禪坐和沉思的人為受試,證明他們能自發地放射出那種「寧靜」的腦電圖,和卡米亞能讓他的被測做到的一樣。這就是說,已有可能教會人怎樣去感受幸福和寧靜。這些研究的革命意義是多方面的和極其明顯的,不僅對人的改善,而且對生物學和心理學的理論都非

常重要。這裡有很多研究計畫足以使未來的大批科學家為
之奔忙。被認為是無法解決的心身關係問題,終於已顯得
是一個可以研究的問題了。

　　對於一門規範生物學的問題而言,這樣的論據是關鍵
性的。現在顯然已有可能說,健康的有機體已有表露清
楚、明瞭的訊號的能力,這無疑宣告這個有機體的喜惡,
以及認為合乎事態的標準是什麼,稱這些為「價值」是
太遠的跳躍嗎?能說這是生物學上內在的價值,或似本能
的價值嗎?假如我們做出這樣的描述、陳述:讓實驗室白
鼠在按壓兩種自我刺激按鈕之間選擇時,幾乎 100% 的時
間都按壓快樂中樞按鈕,而不選擇任何其他能引起刺激或
引起自我刺激的按鈕,難道這和「這個白鼠寧願選擇快
樂中樞的自我刺激」有任何重要的區別嗎?「價值」一
詞在這裡可用也可不用,或許不用這個詞也能說明上面的
問題,這也是有可能的。或許作為一個科學策略問題,或
至少是作為在科學家和一般公眾之間的溝通策略問題,為
避免論點的混淆而不說「價值」可能是更圓滑的手腕。
但是,值得留心的是,我們十分認真地看待心理學和生物
學中這些關於選擇、偏愛、強化、獎賞等等問題研究的新
發展。

我們也應該意識到，這一類研究工作和理論探討固有的特徵就是面對一定程度循環論證的困境，這一點在人的研究中普遍存在，但在其他動物那裡也會有這樣的問題。這種循環論證隱含在這樣的說法中：「良好的樣品或健康的動物選擇或偏愛某事物。」

我們應該怎樣解釋虐待狂者、反常者、受虐狂者、精神官能症患者、精神病人、自殺者做出的選擇和「健康人」的不同呢？值得懷疑的是，把這種困境與腎上腺切除的動物能在實驗室中做出讚許的動作相提並論是否正確，這個問題不是沒有解決之道，而只是一個我們不得不正視並處理而不是迴避或忽視的問題。

在人類受試那裡，很容易用精神病學和心理學的技術選出「健康人」，然後指出得到如此分數的人，讓我們說在墨跡測驗中，或在智力測驗中，也就是那些在自選（食物）實驗中成為善擇的人。但這裡的選擇標準完全不同於行為標準。我們正在利用各種方法證明其前景，證明反常、或謀殺、或虐待狂、或物戀的所謂「快樂」和在奧爾茲或卡米亞的實驗中所顯示的「快樂」不是同一意義上的快樂。當然，這是我們供助我們主觀的精神病學技術得知的。

　　任何有經驗的心理治療師都能懂得，潛伏在精神官能症「快樂」或反常狀態下的實際上是大量的煩惱、痛苦和畏懼。在主觀領域自身中，那些對健康和不健康的快樂都體驗過的人都無一例外地承認他們喜歡前者而摒棄後者。柯林‧威爾遜（Colin Henry Wilson）清楚地證明，性罪犯只有微弱的性反應，而不是強烈的性反應。

　　由於人本主義心理學對生物學的人本主義哲學有一定的證明意義，因此有研究的必要。它可以用來證明對生物學的人本主義哲學所具有的激進後果和涵義。我們當然可以恰當地說，這些論據是支持有機體自我調節、自我管理、自我選擇的。有機體更傾向於選擇健康、成長、生物學上的成功，它已不是我們一個世紀前所設想的那樣了。這一般來說是反專制的、反控制的。這讓我回憶以前並仔細思考道家學派的觀點，更信賴孩子在當代生態學和習性學中能更快生長和自我實現。這意味著更強調自發性和自律性而不是預測和外部控制。用下面這段文字來解釋預測和控制的論題：在這樣的事實面前，我們能認真地把科學的目標定義為預測和控制嗎？我們自己想讓人預測或成為可預測的嗎？

　　成為被控制的和可控制的嗎？說到這裡必然涉及古老

的和傳統哲學形式的自由意志問題。但是，問題出現在我們面前並吵鬧著要我們處理，這些問題確實具有某種性質和我們主觀上的自由感而不是受外界控制相關等等。無論如何，我們描述為健康的人並不喜歡被控制，他們寧願感到自由並成為自由的。

這一整套思考能引起的後果也是較普遍的，那就是它對科學家形象的影響。不僅在他自己的眼中，而且在一般人的眼中都將改變。

這種觀點既是「瘋狂的科學」電影的產物，但其中也不乏真實的內容。傳統的科學概念是由這樣的人制定的，他控制著、掌管著一切，他對人、對動物、對某些問題發號施令，進行工作，他是他審視的對象的主人。這一畫面在觀察「醫師的形象」時尤其清楚。在半意識或無意識水準上觀察，他一般被視為一位主人，一個控制者，一個持刀者，和改革打交道的人等等。他顯得是老闆，是權威，是專家，是一個管事者，告訴人應該做什麼。

心理學家有可能栽在這個「形象」上。

如果我們付與有機體智慧又將如何呢？如果它可以很明顯地得到更大的自主、更大的信任，能自我管理、自我選擇，那麼我們身為科學家，且不說身為醫師、教師，或

甚至父母，就必須反映我們的形象轉換為更符合道家追求的形象。道家形象，這是一個我們能想到的最簡括的詞，它代表著人本主義科學家形象的多種因素。「道家的」意味著提問而不是告訴，它意味著不打擾、不控制，它強調非干預的觀察而不是控制的操縱，它是承受的和被動的，而不是主動的和強制的。這似乎在說明，如果想知道鴨子的事，就要向鴨子詢問，而不是要教導鴨子，同樣對於人類兒童也要遵守此原則。在規定「對於他們什麼是最好的」時，似乎最好是找出一些辦法能使他們告訴我們，對於他們什麼是最好的。

幸運的是，這樣的優秀的心理醫師已不再可望而不可及，他們努力的方向是不把自己的意願強求於患者，而是幫助患者——不明確的，無意識的，半意識的——發現患者自己內部的東西。心理醫師幫助他發現他自己想要的或渴求的是什麼，發現什麼對於他這位患者是有益的，而不是對於醫師是有好處的。這是舊意義上的控制、宣傳、塑造、教導的對立面。它顯而易見把我們所說的設想和意義作為基礎，但像這樣的設想是很難實現的，比如說大部分人要選擇健康而不想患病；相信主觀幸福狀態是一個頗為良好的嚮導，使人能達到「對於他本人是最佳的境界」。

　　這種態度意味著寧願選擇自由而不是控制，對有機體的信賴而不是懷疑。它設想，人人都想成為人性豐滿的，而不是想成為有病的，痛苦的，或想死亡。在我們作為心理醫師發現死亡意向、受虐狂、自我挫敗行為、自尋痛苦確實存在時，我們已學會把這種狀態設想為「疾病」，也就是說，如果這個人以前對一種較健康的事態有過體驗，那他就會捨棄使自己遭罪的那一套而去選擇它。

　　有些非常類似的情況也適合具有道家意味的教師、父母、朋友、愛侶的新模式，最後也適合更有道家程度的科學家。

利用心理學提升競爭實力

　　馬斯洛先生在 1930 年代逐漸對某些心理學問題產生了興趣，他發現，那時的經典科學體系（行為主義的、實證論的、「科學的」、脫離價值觀的、機械形態的心理學）不能解答或有效處理這些問題。在他提出自己認為應當提出的問題時，也研究出一種新的心理學問題的方法來解答。這樣，研究就變成了一種哲學，它屬於心理學，屬於一般科學，屬於宗教、工作、管理，也屬於生物學。事實上，它已變成了一種世界觀。

　　心理學現在已不是一個整體，它已變成了三個互不相關、互有支流的科學或科學集團。第一是行為主義的、實證論的、客觀主義的、機械論的集團。第二是起源於佛洛伊德和精神分析的一整套心理學。

　　第三是人本主義的心理學，或「第三種力量」，這情形和現在的第一集團的情形一樣，心理學中的許多小組織構成了它的全部並形成一個體系，而在這裡談論的正是這第三種心理學。這第三種心理學包括第一和第二種心理

學，並曾創造「在行為主義之上」和「在佛洛伊德學說之上」等詞來描述它。這對於那種中性和價值對立的、二歧式的傾向有一定的促進作用。例如，在肯定或否定佛洛伊德學方面，我是佛洛伊德派的，我是行為主義派的，我是人本主義派的，而且實際上我還正在發展一種可以被稱為第四種心理學的超越心理學。

當然，這裡所說的是個人看法，在人本主義心理學家中，有一部分是對行為主義和精神分析持有反對意見的，而不是把這些心理學包容在一個更大的超座標的結構中。他們有些人在他們對於「經驗」的新的熱心中，正在反科學甚至反理性的邊緣上徘徊。然而，我們相信經驗只是知識的開端（必要但非充分）。

我們選擇的任務一般是「自由地思索」，是建立理論，是運用預感、直覺，並試圖推斷未來。這應該屬於一種需要用全副精力去關心並投入的創新活動，而非驗證應用查驗的活動。自然，後者是常規科學的脊梁骨。科學家如果認為自己只不過是驗證者，那將是極大的錯誤。

一般情況下，探險者、開拓者、創造者都是獨自一人而非一個群體，他們內心充滿了畏懼和對傲慢、對驕橫、對妄想的防禦。他必須是一個勇氣十足的人，不怕出頭，

甚至也不怕犯錯，清楚地意識到，他像波蘭尼（Polanyi）
所強調的，是一種典型的賭博者，他在缺少事實的情況下
達到試探性的結論，然後再用幾年時間力求弄清他的預感
是否正確。如果他的洞察力稍強一點的話，他自會被他
的觀點、經歷所驚呆，並進一步意識到他的努力將一無
所獲。

　　我們認為，即使導致對全部西方科學史和科學哲學的
懷疑，也不能迴避規範生物學的問題。我們從物理學、化
學、天文學承襲的那種擺脫價值的、價值中性的、價值迴
避的科學模式，雖然在這些領域內要保持論據的純淨並排
除教會對科學事業的干擾是必要的和合乎需要的，卻完全
不適合對生命科學的研究。這一擺脫價值的科學哲學對於
人類的問題顯然是不適合的，要知道，對於科學預測和控
制人文目標以及理解是需要個人的價值觀念、目的和目
標、意圖和計畫的幫助的。

　　在演化論的領域，關於方向、目標、目的論、活力論
等這一類的論證曾熱鬧一時，但我們認為在人類心理學
的水準上討論和睦問題能使爭論的焦點更明確，更不可
迴避。

　　對進化的方向是否能由純偶然配置這一問題以及是否

172

有可能對自然發生問題進行辯論存在著可行性。但我們進化人類個體時，這樣的侈談已不再可能。我們絕對不能說，一個人變成一位名醫是純粹出於偶然。應該認真考慮中止採取任何這樣的看法了。

突破傳統限制

　　父母出於什麼動機而喜愛自己的孩子，而人們要孩子的動機又是什麼？他們為孩子甘作犧牲的動機是什麼？或者說，為什麼有些行為被他人看來是犧牲，而父母卻不感覺如此？

　　研究正義、平等、自由，研究對於自由和正義的渴望。人們為什麼會不惜付出巨大代價甚至不惜犧牲生命為正義而奮鬥呢？為什麼有人會不計個人利益幫助遭受蹂躪、遭受非正義對待的人以及不幸的人？

　　人類在追求自己的目標時會受到不同程度的衝動和內驅力的攻擊，但人們對此已有所防禦。當然，盲目的衝動也會出現，但不是單獨出現，兩種情況加在一起就完整了。

　　到目前為止我們只研究了挫折的致病作用，忽視了它的「導致健康」作用。

　　體內平衡，均衡，適應，自衛本能，防禦以及調節，這些僅僅是消極的概念，我們必須補充積極的概念。一切

似乎都是旨在保護生命，很少努力使生命有意義，他的困難不是賺飯吃，而是在不吃飯的時候保持不厭煩。假如從自衛本能的角度上我們把機能心理學用來對有用的研究，那麼它的外延，超越人性機能心理學就是從自我完善的角度來研究有用。

人們往往不注重高階需要以及高階需要與低階需要之間的區別，而這種態度的後果將使人們更感沮喪。滿足導致的不是欲望的終止，而是在暫時的滿足之後，高階欲望和高水準的挫折的出現，以及重新恢復不平靜和不滿足。

食慾，愛好和味道，以及野獸般的，生死攸關的飢餓和不顧一切的食慾。

希望完美，追求高尚的情緒渴求（相當於掛正一幅歪斜的畫、完成一件未完成的工作或苦思一個未解決的問題的衝動）。優心態衝動，改善客觀世界，糾正錯誤的欲望。

佛洛伊德以及學院派心理學家對於認知需要的忽視。美學的意動方面，審美需要。

我們雖還不十分明瞭英雄們、愛國者以及殉道者的行為動機，但我們也知道如果只用佛洛伊德主義的「不過是」和還原論是解釋不清健康人的。

發揮智慧潛能

我們限定智力的思想應傾向於根據現在怎樣而不是應該怎樣,智商的整體概念與智慧涵義不一樣,它屬於純技術概念。比如,戈林(Hermann Wilhelm Göring)的智商很高,但從非常真實的意義上說卻是個蠢人,他無疑是個惡人。我不認為確立高智商這樣一個具體的概念有多麼大的害處。問題僅在於,在一個以此限制自己的心理學中,更重要的主題──智慧、知識、洞察力、理解力、常識、良好的判斷力──被忽視了,以利於智商,因為它在技術上更令人滿意。當然,對人本主義者來說是個惱人的概念。

提高智商的有效智力、常識、判斷力等的法寶有哪些?我們只知道什麼東西不利於它們,而不知道什麼東西對它們有利。是否可能出現智力心理療法?

一個智力的機體概念?這種智力測驗在多大程度上與文化背景相關聯?

見解的改變、皈依;精神分析的頓悟;突然理解;原則知覺。

智慧與良好的趣味、道德、仁慈等的關係是什麼？

純知識的性和生產的研究在心理學中應該占有重要位置。關於思維，我們應該更多地注意研究新穎、獨創性、產生新思維，而不是為在思維研究中使用的先定智力測驗尋找答案。既然最佳狀態中的思維是創造，為什麼不研究它的最佳狀態？

柏格森（Henri Bergson）主義的直覺。所謂直覺的人怎樣如此迅速地得出正確結論？

科學和科學家的心理學；哲學和哲學家的心理學。

如果一個身體健康、思維也極其靈活，那他不僅僅有杜威（John Dewey）型的思維。即，由某個打亂均衡的問題或者麻煩所刺激，問題解決後即消失。思維同時也是自發的、愉快的，並且常常自動地、毫不費力地產生出來，就像肝臟分泌膽汁一樣。對這樣的人來說，做思維動物是享受，他們用不著在受折磨或煩惱時才產生思維。

思維有時也是相混的，無方向性、無組織性及無動機無思維。幻想，夢想，象徵主義，無意識思維，稚氣的情感的思維，精神分析的自由聯想，這些按照它們自己的方式都是生產性的。正是藉助於這些方法，健康者得以做出那麼多結論和決定，它們在傳統上與理性對立，但實際上

與理性是合作的。

客觀的概念無偏見、被動地對現實的本質做出反應，不摻雜任何個人或自我的成分，問題中心而不是自我中心的認知。

第四章

克服懦弱的個性

耐心等待勝利

　　忍耐力具有神奇的力量，當「智慧」無計可施，「天才」束手無措，「經驗」和「技巧」無能為力之際，忍耐力發揮出了驚人的力量，造成了起死回生的功效。

　　在每個領域，忍耐力都顯現過它神奇的力量，它是待各方才俊悉數登場，接著又一一無功而返之後，悄然登場的。它以它獨特的力量和方式堅守陣地，最終幫助人們獲取勝利。忍耐力是最最可貴的品質，在絕大多數人因絕望而放棄信仰時，只有那些富有忍耐力的人還在堅守著自己的信仰的陣地，終於烏雲過去了，一切都回到了正軌富有忍耐力的人成了最堅強、最勇敢的戰士。

　　有許多商人得益於此，他們在面對顧客的粗暴無禮，甚至謾罵時，依然保持平和心態，做到了以禮相待，正是他們的這種忍耐力，最終贏得了顧客的理解，從而壯大了自己的事業。相反，那些缺乏耐心冷待顧客的商家，最終定會受到顧客的冷遇。

　　站在顧客的角度，我們在購買貨物遇到態度冷淡的店

員時，如果我們以禮相待，對他的態度給予禮貌的寬容，那麼店員必定會敬仰我們的人格，絕不會對我們敷衍了事。

一個優秀的人必定具備慈祥、和藹、誠懇、樂觀和極富忍耐力的高尚品格。如果我們做感興趣的事，那麼我們必定會從中得到快樂的享受，成功也會接踵而至。相反，如果我們做的事與我們的興趣相牴觸，是我們內心反對而又必須去做的事，那麼我們就要有極強的忍耐力才能將事情做得完滿、漂亮。

一個人在做自己不喜歡或不適合自己的事時，總要投入極大的熱忱，以勇敢的精神和堅毅的步伐去迎接挑戰，最終摘得成功的碩果。這樣的人才是真正具有忍耐力的人，無論工作是否適合自己，他們總能堅持到成功之日。

人們最欽佩、最景仰那些竭盡所能、堅定意志去完成自己既定目標的人，相反，那些意志不堅定缺乏忍耐力的人必定會遭到別人的輕視，甚至還會受到踐踏和棄絕。一個人如果有毅力，有決心，有忍耐力，那麼他必將會踏上成功的領獎臺。

上帝不會賜予意志不堅、沒有忍耐力、沒有決心的人以勇氣和力量，讓他們在社會上擁有舉足輕重的地位，成功的大門只向那些意志堅定、富於忍耐、有堅定決心的人敞開。一個人只要富有耐心堅持不懈就一定能夠敲開成功的大門。

逆境中求生存

無論在順境中還是逆境中，始終保持樂觀態度的人才具有成功的潛能。一個在逆境中樂觀向上的人要遠比一個身陷困境就立即崩潰的人成功的機率要大得多，一般來說遇到挫折就立即感到沮喪的人是無法成就偉業的。

在現實生活中，沒有一個人願意同鬱鬱寡歡的人長期相處。因此那些沮喪者、憂鬱愁苦者或身心絕望者絕不會在世界上占有重要地位。

人們常常喜歡接近那些活潑快樂的人，因為那些活潑快樂的人會將愉快帶給周圍的人，讓他們也放鬆心情，開心地面對人生。這是人類的天性，而當人們看到那些憂鬱愁悶的人時，就像看到一幅陰鬱的圖畫一樣，原本愉快的好心情也會跌入萬丈深淵。

一個人要學會控制自己的情緒，不要讓情緒左右自己的行為，做情緒的奴隸。當你身陷逆境時，你一定要努力支配環境，將自己從黑暗的泥潭中拯救出來。一旦你脫離逆境走上光明大道時，你就會發現，你的身後沒有陰影跟隨。

不健康的思想會讓人們以沮喪的心情去面對自己的生命，它會成為成功路上的絆腳石。其實，生命全靠勇氣、信仰和樂觀的態度來支撐，缺少了它們的支撐，生命中的一切事情都注定要與失敗結下不解之緣。

當人們身陷逆境、或遇到挫折、或處於凶險的境地時，搞亂他們思想的往往是恐懼、懷疑、失望的情緒，這樣糟糕的情緒往往會使他們的意志動搖，摧毀他們經營多年的計畫。許多人因情緒的被動致使即將成功的事業又跌入了失敗的深淵，正如向井口攀爬的井底之蛙，無論付出多少、艱辛代價，萬一失足便前功盡棄了。

從逆境中解脫出來的唯一方法就是肅清心靈深處快樂與成功的天敵，集中運用正確的思想，堅定意志，樹立必勝的信念，只有這樣才能擺脫逆境的桎梏，收穫成功的喜悅。

一個人如果想要用最短的時間擺脫憂愁的思想，就一定要在思想心智上訓練有素，但許多人不能以快樂去排解憂愁，以樂觀消除悲觀。他們不能將心靈的大門敞開，去接受快樂和光明，而是在憂愁和黑暗中徒勞地苦苦掙扎。

一個人在憂愁沮喪時，一定要去沐浴快樂的陽光，呼吸愉快的空氣，把一切不愉快的事情拋到角落裡去。不管

發生什麼事，都不要過多地考慮使自己頭痛的問題，要讓心靈時刻充滿快樂。當你與人交往時，也要以仁慈、和藹的態度傾訴和諧、快樂的話語，讓周圍聆聽的人感受到你的快樂、接受你的快樂。只有這樣，思想上黑暗的陰影才會被快樂趕走，你的一生都將呼吸快樂的空氣，飲用快樂的甘泉。

我們應該養成拋棄悲痛事件的習慣。將悲痛的事件從記憶中清除，去興趣的寶庫中尋求幾件使人快樂且能夠給人鼓舞的娛樂是此時最好的選擇。有些人在戲院、閒談、閱讀勵志書籍中尋求快樂；也有些人在與孩子的嬉戲中尋求家庭給予他們的快樂。

要放鬆心情就去鄉間的小路上散步吧，那裡是撫慰悲痛心情的最好去處，你的心情會在一小時的野外散步後完全改變。

不要在悲觀失望時妄下決斷。一個人在情緒低落時所作的決策容易誘導人誤入歧途，所以此時不要對影響我們一生的重要事情做出抉擇。

人在精神上受到挫折或者情緒極度低落時，往往無心考慮其他問題，只求得到心靈上的安慰。一個女人經歷了極大的痛苦或失落後，不會考慮是否傾心於面前的男人，

只會立即決定嫁給他，以尋求心靈上的庇護，這就是一個極好的例子。

許多企業家或者商人會在事業上遭受暫時挫折時選擇破產，以擺脫債務的重負。其實，他們距成功僅一步之遙，只要稍做努力，便可獲得成功的輝煌。

人們常常會選擇自殺這種極端的方式來擺脫極度的刺激與痛苦，儘管他們知道，所受的痛苦是暫時的，終有解脫之日。當人們的身體或心靈遭受到極大打擊時，他們的智慧不能左右他們的行為，所以往往會做出極端錯誤的決定。

一個人在希望破滅，精神極度沮喪時，仍能夠保持樂觀的態度，並且運用理智去解決面前的困難，這是極不容易做到的。當一個人在遭遇挫折或者失敗時仍然能夠以堅毅的精神堅持不懈地努力工作，不言放棄，儘管朋友說他注定失敗，說他是多麼不明智，但他仍然擁有必勝的信心，那麼他的才華在此時就能夠淋漓盡致地展現出來。

有些才華橫溢的年輕藝術家、作家或者商人，本應在自己的事業上做出傲人的成就，但他們卻在遭遇挫折時輕易放棄，轉而投身於根本不適合他們天性的事業。雖然他們對新的事業並無半點興趣，但是他們害怕跌跤、害怕經

歷挫折、害怕周圍人的冷嘲熱諷，所以他們注定難成大業，只能是生活的失敗者。

當一個懦夫對你說，你正在做一件愚蠢的事，你既無方法又無力量，只能去做無謂的犧牲，與其做出更多的犧牲，付出更高昂的代價，不如早些放棄。於是你在他的誘惑下放棄了你的追求，放棄了你的夢想，重新回到了昔日毫無生氣的平凡生活中。其實，你只要運用你的智慧和機智仔細想一想，就會很快冷靜下來，穿過誘惑的迷霧，意志堅定地去追求你的夢想，只有這樣你才能看到成功的曙光。

在我們的生活中有許多半途而廢的絕好例證：一些年輕人才華橫溢，去國外深造，由於在藝術和音樂上極具天賦，所以成績傲人，但他們經受不住挫折的考驗，而中途綴學，遺恨終生。

還有一些熱衷於醫學的學生，他們最初飽含熱情，但學到中途便興趣全無，不能適應解剖學和化學的辛苦，又厭惡實驗分析室裡的恐怖景象，於是最初的渴望變成了厭惡，最終他們離開學校回到了家鄉。他們喪失了繼續研究下去的勇氣，一遇到挫折就放棄了追求，所以永遠不會實現做一名醫生的夢想。

有的年輕人去法學院專攻法律，因為他們夢想成為大名鼎鼎的律師。但是讀到法律上最深奧、最複雜的部分時，他們卻立即中止了研究，認為自己生來就與律師這個職業無緣。

一些大學生從未離開過熟悉的家鄉，因此常因思家心切而中途退學，回鄉後又後悔當初因立場不堅而做出的錯誤決定。

那些創造家、發明家和偉大的人物的成功祕訣就在於堅持不懈。別人已經後退了，他們仍舊努力向前；別人已經放棄了，他們仍舊堅持不懈；光明和希望已經渺茫了，他們仍舊繼續努力。最終他們取得了事業上的輝煌成就。

堅持不懈是一種可貴的精神，是成功的主要因素。

我們在閒談時常會聽到一些老年人說：「我年輕時，也曾才華出眾，倘若堅持不懈地努力，遇到挫折也不退縮，依然去追求我的夢想，那麼現在也許已經頗有成就了。」這些老人壯志未酬、悔不當初的原因就在於，他們年輕時沒有堅定的意志，經受不住挫折的考驗，最終放棄了成功的機會。

在頭腦清醒時，人們才具備最佳的判斷力，只有這時你才能在重大問題上做出抉擇。無論前途多麼渺茫，無論

多麼熟悉決議的內容，你一定要在憂鬱情緒過後再決定重大事情的步驟與做法，千萬不要在悲觀時解決關於自己一生轉折的問題。要等到心情最愉快、頭腦最清醒、判斷力處於最佳狀態時再去決斷。

一個人常在頭腦中思緒紊亂、深感絕望的危險時刻做出最糊塗的決定、最糟糕的計畫，如果你要計劃，要決斷什麼事情，一定等到理順思緒、心情愉快之後，那時的決斷才是最正確的。

一個人在情緒波動時，其判斷力就會失衡，也就不會有精闢的見解。因為沒有健全的思想就不會有健全的判斷，而清醒的頭腦、愉悅的心情又是健全思想存在的基礎。所以，在情緒低落時，切忌做出重要的決定。

我們計劃一切時，一定要等到頭腦清醒、思想健全的時候，沮喪的情緒會使我們的精神渙散，所以容易做出錯誤的決定。態度冷靜、精神愉悅和理性的心智是消除沮喪、周全思考的前提，也是我們計劃一切的前提。

從脆弱到堅強

你說自己很懦弱，因此你的事業和生活毫無建樹，平平淡淡。在參加討論會時，你沉默不語；照鏡子時，你對自己的長相不滿意；在回顧過去時，你不能原諒自己曾經的過失，可是這些又算得了什麼呢？

「你很懦弱，我也很懦弱，但是聰明的人會從懦弱中學到堅強。」這是十七世紀英國著名詩人埃德蒙·沃勒（Edmund Waller）曾經說過的話。

我們生活在世間，既不是神，也不是機器。我們以及我們的祖先都是生活在世間的普通而平凡的人。我們作為個體而存在，是錯誤的產品，也是錯誤的創造者。我們在世間經歷過苦難的歲月，因為我們生活的年代就是艱苦的年代。

人是一個複雜的個體，人性有堅強的一面，也有懦弱的一面，但是懦弱並不可怕，你應學會面對，學會接受，努力將懦弱變為堅強。

當你不能面對和接受你的弱點時，那麼從現在開始，

你就會走進荊刺叢生的山谷，挫折和失敗也會降臨到你的頭上。因為，你從心理上毀滅了自己，你沒有充分地認識自己。如果你有輛能夠以 50 公里的時速平穩行駛 350 公里的汽車，那麼你對這輛汽車的時速感到滿意嗎？或者你期望它跑得更快更穩嗎？

如果你有一隻可愛的小狗，那麼你會因牠的可愛而高興嗎？或者因你不快又無法與牠交流就痛恨牠嗎？

你要時刻學會忍耐，學會承受，你的忍耐力越強，你所能夠承受的壓力越大，那麼你在事業和生活上成功的希望就越大，因為你能夠從容地面對生活中的各種壓力，並把它變成動力，推著你走向成功。

承受不了生活中的壓力或者對自己的期望值過高，都會導致人的精神因過度緊張而崩潰，因此，有些人患上了精神病，他們很可憐，他們自認為他們是顯赫的大人物拿破崙，他們生活在一個幻想的世界中。他們產生這種幻想的原因就在於，他們無法接受過去生活中的錯誤與失敗，對生活失去了真實感。

如果你對足球運動有些許了解，那麼你就會發現這樣的現象，有些著名的球隊不惜以高薪聘請著名球星加盟，而結果卻是那些球星在場上並沒有精彩的表現，導致這些

球星失利的原因不能排除因他們承受不了球隊對他們的重大期望所造成的沉重壓力的可能。但是，一些不知名的小球員卻從小球隊中默默崛起，他們刻苦訓練，在比賽中累積經驗，提升球技，最終也會成為球星。

　　要想把懦弱變為堅強，那麼你必須要志存高遠，必須為自己打下堅實的基礎，只有這樣你才能面對失敗的命運，從失敗中崛起，走向成功。

適時的釋放壓力

　　人活在世，每個人都不可避免地遇到各種困境，承擔各種壓力，但是，我們不應該屈從於它們。做人的尊嚴要求我們從困境中走出，從壓力中解脫出來，保持自身的尊嚴和獨立是每個人最起碼的職責。無論什麼時候，重擔都必須由我們自己來挑，即使是在疾病或其他突發事件中，也應該如此。我們不應該連累朋友和家人，更不應該連累那些依靠我們的人。

　　什麼時候人最得意、最快樂？在這個世界上幾乎所有的富人都會告訴你：在他剛剛擺脫貧窮獲得相當財富的時候他是最得意、最快樂的時候；在他累積財富的過程中，第一次受到激勵的時候是他最得意、最快樂的時候。因為他知道匱乏已經離他而去了，他可以過清閒的生活，能夠注重自我完善、自我修養或者可以去學習旅遊。只有這時，他才覺得自己完全有能力使那些他所熱愛的人從困境中走出來。從此以後，那些粗糙的日用品和難以忍受的苦役將被舒適的生活所代替，他發現他有能力使自己在生活中得到昇華。在他美名遠揚後，名畫、音樂、書籍以及其

他休閒品都將移居他的家中。他的孩子也將接受最好的學校教育。於是，他第一次感覺到，他有能力幫助別人了，他的生活圈子也在不斷擴大，視野也在逐漸開闊。

事實證明，人的天性沒有匱乏和貧困，我們來到這個世界上不是為了遭受貧窮和苦難的，而是為了完成偉大的事業、神聖的使命。為了擁有富庶的生活，我們對那些為我們準備的美好東西顯得沒有信心，我們不敢完完全全表達自己心靈的願望，不敢合情合理地要求自己的生存權。我們不得不勤儉節約，我們不敢使用與生俱來的權利去要求富有。過分的要求和過多的期望我們不敢有，我們抑制自己的欲望，限制自己的供給，不敢有太多的奢求。美好事物的巨流不能夠進入我們的心靈，由於自身的原因，我們的思想意識受到了壓制。我們不知道信仰的力量有多大，我們不敢拿自己的靈魂乞求富足。

使我們成為人並支撐著我們的是人類和萬物的權利，這種權利使我們自由，讓我們豐衣足食，而不是吝嗇、無節制和無限度。從萬物的充足供給中，我們每個人都獲得了好處。小草只向太陽要求一點點陽光和能量，因為太陽的本性是普照大地萬物，只要你能吸收。

將神聖的巨能轉化為我們自己的能量，並學會有效地運用這種能量，是生命中偉大的祕訣之一。這種神聖的轉

換法則一旦被人們學會，將產生無法估量的能量。

我們真正懂得真善美的時候，是我們意識到所有的一切都來自自然界的無限供應，財富正慢慢向我們靠近的時候，是我們跟自然界完美結合的時候，是真善美降臨到我們身上的時候。

當我們從生活中徹底清除一些貪婪的欲望，甚至是利用我們的兄弟姐妹的欲望時，我們就離真善美很近了，這樣，美好的東西將歸我們所有。我們以錯誤的行動、錯誤的思想限制了這種流動是現在的癥結所在。

每一種惡行的實施都會使我們與上帝之間的距離越來越遙遠，它就像一層模糊的面紗擋住了我們的視線，使我們很難看見上帝與真善美。

當我們追尋美好的藝術時，美好的藝術也在追尋著我們。當我們學會自由思考，不再在局限的思維中徘徊時，自由思考也在追尋著我們，我們將在途中不期而遇。

你不要抱怨自己少這少那，你每次遺憾時，任何適合於你的東西，你不會得到，其他人擁有的東西，你不會擁有，別人去過的地方，你去不成，別人做過的事你做不成，你只是自找苦吃，越陷越深。當你反覆不停地講述不幸的命運，詳細描繪不合意的經歷時，你的智力將不會幫助和支持你的奮鬥，更不會為你帶來彌補創傷的條件。

以微笑面對挑戰

不管發生什麼事，請先讓自己冷靜下來，即使遭到了失敗，心情低落到了極點、情緒糟透了，哪怕打一針鎮靜劑，也要讓自己先冷靜下來。鋪開紙張，就像鋪開你的心情一樣，讓所有的痛苦、憂傷都沉澱在你的紙張上，與此同時，你還要在這張上列出你可能得到的幸福，對於幸福源泉絕不要輕言放棄，比如，你健康的身體功能和強健的體魄、你的家人和朋友、你的專業、你的財產、你的個性、你的合情合理的想法、你的健康的活動、你的未來生活、你對他人的義務，以及承擔這些義務讓你感到的坦然舒心。然後，你將你所列舉的這些例子進行對比衡量。細心的你一定會發現，你的幸福遠遠大於痛苦，那麼你為何還要生活在悲傷、痛苦的陰影中呢？還是讓自己快樂起來吧，趕走那些惱人的憂傷。

阿爾戈先生生活在舊金山市，他曾經講述過這樣一個故事：密爾比達有一位婦女，她幾乎承受了世間所有的痛苦和不幸，憂愁、悲觀、沮喪、失眠、家庭的破裂、孩子

患病等等，各式各樣的打擊接踵而至。但是，她不甘於這樣悽慘地生活，她決定擺脫當前的困境，於是她制定了一個讓自己快樂起來的計畫，她規定自己每天至少要笑三次，無論多痛苦，多麼憂愁，也要笑三次。在此後的一段日子裡，她嚴格要求自己，只要有一點點可笑的事情她就會開懷大笑，有時，她還會回到自己的房間裡細細咀嚼那些令人快樂的精神食糧。如今，她已是一個健康向上、精神煥發的人了，她的家不再籠罩著悲傷，而是充滿歡聲笑語的場所了。她的丈夫和孩子也受到她快樂心情的感染，變得活潑了，他們現在生活得很幸福。

有一位醫生，名叫伯迪克，他住在紐約西部，被人們尊稱為「歡笑醫生」人們之所以給他這個稱呼，是因為他總是笑容滿面，他臉上所呈現出來的總是大家最喜歡看到的那種令人快樂的神情。據說好心情是能夠互相傳染的，因此病人們一看到他的笑臉，聽到他愉快而充滿希望的醫療建議就會立即擺脫痛苦的情緒，滿懷信心地去與病魔奮鬥。因此，伯迪克醫生很少開藥給人，但是治療的效果卻十分驚人，成功率極高。

有一個人住在紐約附近的一個城市裡，他因生病而產生了輕生的念頭，想盡快踏入天堂的大門。他的家人中有

一個奉命來勸慰他,那個人極不自然地微笑著說:「你不要認為你的病很糟糕,其實它並沒有那麼可怕,不久後,你一定會康復出院的。」聽了他的一席話,看到他古怪的表情,病人情不自禁地想開懷大笑,這種想笑的衝動喚醒了他的精神和全身各個系統的機能。後來,他果然擺脫了病魔,康復出院了,這真是一個奇蹟!

「那些基調灰暗的圖片不要總是掛在牆上,而那些令人傷心、悲慘的事情也不要作為平時談話的主題。」這是愛默生給人們的忠告。

比徹(Harriet Elizabeth Beecher Stowe)曾經說:「一個人要不停地追尋自己的精神樂園,不要總是與那些悻悻不平、抱怨生活的人為伍,不會笑、不高興的人應該仔細地檢查自己,找出自身的缺點,然後,反省、祈禱,直到自己的身心充滿快樂為止。」

塔爾馬古說:「許多人錯誤地認為,在他們和不幸的人一起抱怨的時候,那些不幸的人得到了他們的安慰。其實,你在自己心裡體驗了別人的悲傷,不但對那些不幸的人有害,而且也對自己無益,因此千萬不要在自己心裡體驗別人的悲傷。」

偉大的克倫威爾將軍(Oliver Cromwell)心中的希望

彷彿燃燒的火焰一樣難以熄滅，他情緒激昂、滿懷希望，總是在別人感到沮喪氣餒的時候給人以鼓勵和自信。

「我想讓妹妹快樂起來，」一個小男孩對他的母親說，「可是無論我怎麼做，總是事與願違。但是，想讓她快樂的時候，我卻發現自己變得十分快樂了。」

另一個男孩說：「我的弟弟吉姆得了重病，我想盡一切辦法讓他高興，當他開心時，我也笑了，而且感到很快樂。」

拋棄鬱悶和抱怨，讓自己快樂起來吧！如果我們的生活充滿熱情，工作不斷努力，那麼幸福的陽光就會普照我們的心田。田地中等待萌芽的種子，如果信心十足，終有一天它會破土而出，長成一棵茁壯的幼苗，抽葉、開花結果也會是順理成章的事情。它從來不問自己，怎麼才能突破壓在頭頂的厚厚土層。它從不抱怨成長的煩惱，埋怨成長過程中碰到堅硬的石頭和沙礫，而是持之以恆地用自己柔嫩的身軀戰勝石頭和沙礫，讓困難在它面前無計可施，直到它露出地面，接受陽光和雨露的滋潤，長出枝葉，並開花結果。種子的成長過程啟示我們要相信自己，認識自己，而且要不斷地努力，讓自己不斷更新和完善，只有不停地前進，才會迎來幸福美好的明天。

堅定不移，堅忍不拔

漢弗里·戴維（Sir Humphry Davy）是世界知名化學家，他的成功可以說是自己努力奮鬥的結果。由於出身貧寒，所以，他接受教育和獲得科學知識的機會都很有限，然而，他具有堅定的信心、持久的毅力。他鍥而不捨地追求著科學和真理，甚至在藥局工作時，把舊的平底鍋、開水壺和各式各樣的瓶子都用來做實驗。最終，戴維被人們譽為電化學的創始人，並以此身分出任了英國皇家學會會長。

紐約著名政治活動家瑟洛·威德（Edward Thurlow Weed）說：「許多農民的孩子在緊張勞作的間隙中，可以找到了提升自己智力與精神狀態的機會，我本人就是如此。你只需在夜深人靜的時候守著開水壺並注意一下爐火，此時白天疲憊的身心慢慢地得到了恢復，思維開始活躍，大腦在高速地運轉，智慧的光芒照亮了黑暗。在一個名叫「大松樹商店」的店鋪裡，老闆待人溫和熱情，糖果櫃裡的燈光明亮耀眼，因此有許多個夜晚，我都藉著這明

亮耀眼的燈光愜意地看書。我記得，我就是以這種方式讀完了一本講述法國大革命歷史的書。這場轟轟烈烈的偉大革命中的所有重大事件，每一個風雲變幻的時勢，以及濃濃的殺氣騰騰的恐怖氣氛和血腥味，還有成批在時代浪潮的峰頂上慷慨陳詞的偉大領袖們，都深深地震撼了我，可以毫不誇張地說，我在這本書中得到的知識要超過我從以後所有此類讀物中得到的知識。當我在買不起鞋穿的腳上裹上一團爛棉絮，並深一腳淺一腳地在齊膝深的雪地裡跋涉了 2 英里，到達好心的凱斯先生家借到書時，我真是欣喜若狂、手舞足蹈。這一情景至今仍然歷歷在目。」

西奧多‧帕克（Theodore Parker）的父親是萊辛頓一位沒有多大出息的水車木匠。在 8 月的一個下午，兒時的西奧多‧帕克怯生生地問父親：「我明天可以休息一天嗎，爸爸？」正在忙碌的父親回過頭來驚訝地看著他這個最小的兒子，因為這時候正是他們一年中最忙的時候。但是，他從帕克充滿期盼的目光中看出了自己別無選擇，於是，父親爽快地答應了他的請求。

第二天，天剛矇矇亮，西奧多就起床了，他穿戴整齊後，在泥濘的道路上艱難地跋涉了 10 英里，來到哈佛學院參加一年一度的新生入學考試。從 8 歲那年起帕克就沒

辦法正常地接受學校教育了，然而，在每年冬天，他還是想方設法地擠出 3 個月的時間去上學。在其他的時間裡，無論耕種還是做其他的工作，他都將學過的課文一遍又一遍地在腦海裡默默地回憶和背誦，直到爛熟於心為止。他還利用所有的空閒時間來讀那些借來的有益書籍。但是那本他非常渴望擁有的拉丁詞典卻沒有辦法借到。於是，在一個夏天的早上，天邊剛剛出現第一縷紅霞時，他就來到原野裡採摘了一大筐漿果，然後，把這些漿果送到波士頓去賣，用換來的錢買了一本。

那天深夜，當兒子回到家告訴父親自己被哈佛學院錄取的消息時，父親高興地讚揚道：「孩子，你太棒了！但是，西奧多，我沒有錢供你去哈佛學院讀書。」而西奧多卻說：「爸爸，沒關係的！我不去學校住宿，我會在家裡利用空餘的時間自學並準備期末考試，只要我透過了考試，我就可以獲得一張學位證書了。」在以後的日子裡，他用實際行動證明了自己的話。當他長大成人以後，透過在學校裡教課積攢了一筆學費，而且又在哈佛學院學習了 2 年，最終以優異的成績獲得了畢業證書。

隨著時間的推移，當年讀不起書的貧窮男孩西奧多‧帕克如今已是著名的廢奴運動倡導者和社會改革家，還是

國務卿西華德（William Henry Seward）、著名參議員索姆奈（Charles Sumner）、著名教育家賀拉斯‧曼（Horace Mann）、首席大法官蔡斯（Salmon Portland Chase）、加里森總統（Garretson W. Gibson）、反奴協會主席溫德爾‧菲利普斯（Wendell Phillips）等人的密友和事業顧問，在整個美國的影響力是不可估量的。直到現在，仍然讓這位顯赫人物感到溫馨和愉快的是他對童年在萊辛頓的岩石上和灌木叢中爭分奪秒地努力學習、奮發拚搏的情景的回憶。

第五章

追求人生目標

心無旁騖地朝目標前進

多年以前，在波士頓一個條件很差的公寓裡，兩個沒有任何教育背景、默默無聞的年輕人見面了，他們決心要對這個社會上根深蒂固的黑奴制度發起挑戰。然而，他們的想法無異於以卵擊石。在世俗的眼光中，這兩個初出茅廬的年輕人的行為是那麼的愚蠢可笑。要知道，他們所面對的是多麼強大的敵人。不論是學者、政客、教會人士還是有權有勢者，也不論他們各自的信條或政見有多麼大的分歧，他們都一致擁護黑奴制度。這種制度已牢牢地根植於我們國家最深層的政治土壤中，而且還與所有其他的社會機制和既得利益有著千絲萬縷的連繫。

然而，對於整個社會、整個國家的偏見和狹隘，這兩個年輕人又憑藉什麼來與之抗衡呢？儘管前進的路途中充滿了艱難險阻、儘管目標是如此地遙不可及，但是，神聖而崇高的信仰之火卻讓兩個年輕人的靈魂熊熊燃燒，他們對於自己所追求的事業無比虔誠、無比執著。班傑明・倫迪是這兩個年輕人中的一個，他很早就在俄亥俄州創辦了

《普遍自由精神報》。他是一個有著非凡毅力的年輕人，他每個月都要跋涉20英里，從印刷所把所有的報紙馱回家。他還不辭辛苦地徒步跋涉400英里到田納西州宣傳，只是為了增加報紙的徵訂戶數。

他在威廉·加里森（William Lloyd Garrison）的幫助下更加積極地展開工作，地點就設在巴爾的摩。在當時，這個城市的主要街道上到處都是關押奴隸的圍欄，那些被裝在運奴船上的不幸者淒涼地離開了家鄉和親人，被送往南方的港口；奴隸拍賣市場上的情景更是令人心碎、慘不忍睹，而且經常會發生暴力捕捉奴隸的事件，手法之殘忍，令人髮指，所有這一切都讓加里森留下了不可磨滅的印象。由於家庭生活窘困，加里森的母親沒有錢供他上學，但是，早在幼年時期，母親就教導他要反對專制和壓迫。為了爭取這些可憐的不幸者的自由，這個年輕人決定進行不屈的抗爭，甚至準備在必要的時候不惜犧牲自己的生命。

加里森在他們的第一期報紙中大聲疾呼，應該立即解放奴隸，廢除奴隸制度，致使侮辱和謾罵排山倒海般地向他壓過來，他的觀點遭到了整個社會的反對和譴責。此後，他被逮捕並進了監獄。這個消息觸動了他在北方的一

位高尚而正直的朋友約翰‧惠蒂埃（John Greenleaf Whittier），但是由於他本人的經濟狀況不佳，無法為加里森交罰金，於是惠蒂埃轉而寫信給亨利‧克萊（Henry Clay），請求他為加里森交罰金，以便把他解救出來。加里森重見天日時已經是 49 天以後了。

溫德爾‧菲利普斯是這樣評價加里森的：「他因為自己所持的觀點而被監禁時僅僅 24 歲。他對整個國家的罪惡提出挑戰時還正當青春年華。」

加里森長年累月地在波士頓孤軍奮戰，因為在那個城市，加里森既沒有朋友的支持，也得不到任何有影響的社會勢力的幫助。在身無分文情況下，他在一間狹小的閣樓上開始了《解放者》（*The Liberator*）的創辦。看一看這個飢寒交迫的年輕人在第一期報紙上的錚錚宣言吧：「我將像真理一樣嚴厲無情，像正義一樣不屈不撓。我既不會含糊其詞、模稜兩可，也不會為自己尋找託辭，我將堅守陣地，不退卻半步。我相信，終有一天，世界將聽到我的聲音並理解我。我的情感發自肺腑。」這是一個多麼勇敢的年輕人啊！他與那個時代最根深蒂固的偏見作戰只憑著單個人的努力，孤軍作戰。

波士頓市長奧蒂斯收到了南卡羅萊納州的霍恩‧海恩

寫給他的一封信，信中說有人送來了一份《解放者》給
他，並要求他核查一下出版者的名字。奧蒂斯回信說，他
發現這份不起眼的報紙是一個窮苦的年輕人在「一個光線
昏暗的洞裡印刷的，他唯一的助手是一個黑人男孩，各式
各樣的膚色的人都支持他的觀點，他們都微不足道，不足
掛齒。」

　　然而，這個吃飯、睡覺和印刷都在那個「光線昏暗的
洞裡」的窮苦年輕人卻用他的努力、思想和文字，使得整
個世界都開始思考他所提出的問題和觀點。

　　但是，這樣的危險分子在當時的許多人看來是必須被
鎮壓的。南卡羅萊納州的警戒機構懸賞 1,500 美元，要求
對所有被發現傳播《解放者》的人予以逮捕和定罪。有
一個州或兩個州的行政長官對此報的編輯者也懸賞捉拿。
喬治亞州的立法機構明文告示，以 5,000 美元的鉅額獎賞
捉拿加里森的人。為加里森所從事的事業吶喊助威的人幾
乎沒有，因此，加里森和他的助手到處受到人們的攻擊和
指責。

　　由於支持加里森的事業，保護加里森的印刷機，一個
名叫洛弗喬爾的牧師在伊利諾被一群暴民所殺，而在被譽
為「美國自由傳統的搖籃」的麻州，憤怒地要求嚴懲這位

「廢奴主義者」的卻是聚焦在一起的所有的實業大廠、權威人物和文化名流。在黑壓壓的人群中，只有一個大有前途的年輕律師溫德爾‧菲利普斯要求走上高高的講臺發表演說，他所發表的這篇演說在法尼爾廳是聞所未聞的。

站在講臺上的溫德爾‧菲利普斯一邊指著那些掛在牆上的肖像一邊說：「當我聽說紳士們確定把在奧爾頓殺害了洛弗喬爾的凶手的名字與奧蒂斯、漢考克（John Hancock）及亞當斯（Samuel Adams）這些熠熠閃爍的名字相提並論時，我想這些畫上原本緊閉的雙唇一定會發出憤怒的聲音，給予那些懦弱膽小的美國人，那些對死者進行造謠誹謗的無恥小人以最嚴厲的譴責。在我們所生活的這片神聖的土地上，清教徒和先驅者的鮮血無處不在。根據那個逝去的靈魂的所作所為，在這片美麗的土地上，每一片沙灘、每一片耕地、每一枚青翠的樹葉、每一隻鳴叫的昆蟲，甚至連樹木中流淌的汁液，都滿載著對他的記憶。」

整個國家都為一些火熱的心靈所激動、所振奮。漫長而激烈的衝突一直存在北方的先驅者和南方的種植園主之間，即使在遙遠的加利福尼亞，兩種勢力之間也存在著明顯的對立。這種衝突隨著內戰的爆發也達到了最激烈的程度。在戰爭結束之後，歷經 35 年不屈不撓英勇奮

鬥的加里森以國家貴賓的身分受到了林肯總統（Abraham Lincoln）的接見，他又看到了在桑特堡上空迎風招展的星條旗。為他的到來致以熱情洋溢的歡迎詞的是一個被解放的奴隸，而這個奴隸的兩個女兒，這兩個如今再也不是奴隸的女孩，為加里森戴上了她們親手編製的一個美麗的花冠，以此來表示對他的無限感激。加里森的功績將永垂青史，他點燃了明亮他人心靈的火炬，並且這火炬代代相傳，最終照徹人心。

空想無法有所成就

你要在心裡，確定希望擁有的具體數字。空泛地說「我需要很多很多錢」，那是沒有用的，你必須確定你追求的成功的具體評價標準。

拿破崙・希爾（Oliver Napoleon Hill）曾舉過這樣一個例子：

同樣是做房地產生意，湯姆計劃貸款 120 萬美元，而約翰則向銀行貸款 119 萬美元。

最後銀行貸款給約翰，而拒絕了湯姆的貸款請求。因為銀行主任認為約翰的預算具體化且考慮很周到，說明約翰辦事仔細認真，成功的希望較大。

由此可見，要設定一個具體的可行的目標。

試著每星期花一個小時，檢視自己的目標計畫，評估自我表現，為下一步動作做計畫書。

你花在檢視自我人生目標的時間越多，你的目標就越能夠與你的人生結合，但是千萬不要以紙上談兵取代實際行動。

當阻礙的烏雲已除去時，成長就會在新產生的水平線上展現出一幅較寬廣的圖像，這時候正是拓寬目標的最佳時機。

對所有人而言，無論你的目標或計畫如何，我們都無法準確地預測我們最終的成長率會是多少。

但中，我們的思想則提供我們產生目標的基礎。因此，我們每個人都必須有目標，可以無限延伸的目標。

站在巨人的肩膀上

無論追求什麼目標，計畫最重要，一定要為奮鬥之大旗預做準備：

要分析、勾畫前景藍圖、安排優先順序、擬訂策略。

要去研究渴望成功的領域，也要藉助他人的專業知識，透過閱讀書報雜誌，以及訪問可能了解如何達成類似目標的先進人士，而設計出前進的路線。

要知道以前的人針對類似目標曾做過哪些事？是否奏效？現在其他人針對類似目標在做些什麼？有無展望？還有哪些事從來沒有人嘗試？為什麼？到哪裡可以找到前進的第一個據點，得以循此登上更高層級？

很多人以為，勤奮是成功的關鍵。勤奮的確非常重要，把事情做得漂亮，要比勤勞苦幹更重要。

　　古希臘數學家阿基米德（Archimedes）發明槓桿與滑輪；他因陶醉於槓桿原理，而講出一句名言：「給我一個支點，我便能移動整個地球。」

　　當時的統治者希倫（Hiero），有一天出題向這個吹牛的傢伙挑戰，如果無法通過考驗，就要他從此閉嘴。

　　題目是這樣的：

　　西里裘斯港的水手想把一艘大船弄上岸，希倫王命令阿基米德擔當這個任務。

　　據說，這位聰明的數學家巧妙的安排了一系列的滑輪與齒輪，借力使力，終於成功的把大船推上岸。

　　以阿基米德來說，把事情做得漂亮，其重要性絲毫不遜於完成一件科學實驗。

　　哲學家笛卡兒（Rene Descartes）曾說：「光有好頭腦不夠，最重要的是要好好發揮腦力。」

　　再難的工作，準備時如果能多用點腦筋，實際進行時就會順利許多。我們為一切新工作預做準備時，有必要先弄清楚，我們所需的槓桿作用之「滑輪」與「齒輪」在哪裡？我們的立足點又在哪裡？我們必須想清楚，如何把事情做得漂亮，早日達成目標。

　　我們要充分利用既有的條件 —— 包括自己的所能、

所用。所知。

知識本身就是槓桿；如果擁有所需要的正確知識，即使僅是稍做準備，也可能成果豐碩。

勇敢地跳出去

當我們窺見夢想即將成真的曙光，且著手準備促其實現時，可能會覺得這些偉大的夢想令人震懾。

然而，首先只須集中力量做一些必須的小事，好讓自己朝正確的方向移動，如果有此體認，便可建立信心，掌握局面。

這裡套用某位禪師的話來說：「要走遠路，先察近處；要成大業，先慎小事。」另一位禪師說：「研磨寶石，歷多時才見其減損；栽植樹木，積日久始見其茁壯。」

這兩句話正說明：

從小處著手，為成功做準備，終可在大處回收成果，實在相當神奇。

跨出去，別猶豫！

準備非常重要；無論如何，第一步一定要做好準備工作，但緊接著更重要的是採取行動！

小心不要罹患只準備不行動的「分析癱瘓症（analysis paralysis）」，我們可能花了大量時間準備旅行，結果卻根本沒上路。

應該仔細研究達成願望的最好辦法，並分析自身處境、長處，個人所必須面對的挑戰，所可能遭遇的障礙，以及實現夢想所須具備的全部條件。

謹慎的人會嚴謹分析大目標，而得到許多較小且較容易達成的單元目標，然後，再累積小成就以取得大成功。

如果經過反覆分析，仍然患得患失，不敢付諸行動，就患了所謂「分析癱瘓症」。

分析和準備本身都不是目的，只是達成目的的手段 —— 我們是藉其完成人生目標，千萬不可本末倒置，一味的準備，遲遲不展開追求目標的實際行動。

對美式足球與籃球選手而言，柔軟體操、跑步、重量訓練、伸展運動很重要；如要他們整天光做這些，而不下場打球，勢必無法繼續下去。

同樣，如果光是制定策略，卻不見行動，是件相當沒意思的事。

世上有兩類人：

一種人旁觀事情發生，另一種人促使事情發生。

這個世界上，觀眾已太多，我們需要更多演員，更多

實際參與、推動、實行、貢獻、開創的人。《入世智慧的藝術》說：「智愚差別在於採取行動的時機 —— 智者早一步；愚者晚一步。準備過頭與準備不足幾乎一樣糟糕。要妥善準備，要抓住財富！除非我們採取行動，設法促使事情發生，否則我們的生命會被逐步侵蝕。」

莫被動等待財富來敲門；要走出戶外，採取行動，自己主動去敲財富之門，財富就是這樣找到的。

莫耶斯（Bill Moyers）就讀於北德州大學時，硬著頭皮寫信給總統候選人詹森（Lyndon Baines Johnson），自願加入助選團，為詹森爭取德州選票。

莫耶斯勇敢跨出這麼一步，使他成為公眾人物。在極短的時間內，成了美國總統的新聞祕書，然後當上某電視新聞網的評論員，成為也許是美國有史以來最有影響力的廣播人。

莫耶斯多年來始終擁有展現才華的機會，這一切皆啟始於一封自我推薦信；即他主動跨出的第一步，也就是「行動」兩個字。

希爾個人有不少類似經驗，雙親培養他從小主動開創的精神，要求他如果發現有必須的促成某種變革，或者有必要讓某些事發生，就應該採取主動。

如果看見不對的事，就要明白說出來；如果有辦法矯正錯誤，就要先加以矯正，再繼續大膽提出來，勇敢地進行嘗試。

輪子若軋軋作響，自會有人來添油；若不敢冒險，就什麼也得不到。

假如不提出要求，誰會給你呢？要掌握機遇，促成某些事情發生。現在不做，更待何時？自己不做，要誰來做？

我們在世的時間有限，不見得足夠完成一切想做的好事情。不該一直漂浮不定、徬徨遲疑、延遲耽擱，也不該遲遲不採取行動，必須把握有限的光陰，善加利用。

我們的一生中，有許多重要的人際或社會關係，皆因我們鼓起勇氣，採取主動而得以建立。

別質疑自己「憑什麼做這件事？」輕易為自己找到脫逃的藉口。

假如我們對某項工作已有所準備，就該去做。也許本來有其他人可以做得比較好，在我們率先行動之前，他們或許連嘗試的念頭都未曾有過，或者他們願意助我們一臂之力。

還有另一種可能則是：

　　由於付諸行動，使我們的準備更加周全，能力也獲得增強，到了最後，變成最稱職的人。

　　一旦我們擬妥工作計畫，就要展開行動，落實行動，落實計畫。《入世智慧的藝術》一書告訴我們：「資質平庸的人若能勤奮，其成就會超過資賦優異而不知努力的人。奮鬥可以創造出價值。」

　　未經一番寒徹骨，焉得梅花撲鼻香。要主動展開行動，努力奮鬥！這麼做絕對值得。

隨機應變

　　如果要漂亮行動，必須事先有所準備。但是，有許多達成目標所需的計畫、準備及策略規劃工作，往往要等我們上路，才能進行。

　　就如「精靈炸彈」或「熱導飛彈」，可以視實際目標而調整方向；我們都需要類似的彈性，好讓自己在追求目標的過程中，得以視實際狀況而改變計畫或調整焦點。

　　有人說，壞的計畫比沒有計畫更糟糕。這句話若要成立，須滿足兩個前提：

　　首先，實施這個計畫，必會導致我們有所改變；其次，我們必須具備調運能力，而可隨時修正、改善這個計畫。

　　我們著手做事，不論對錯，都會得到回饋；而這些回饋的資訊，大多是我們追求成功最初階段時，所無法獲得的資訊，必須實際行動之後才產生的新資訊；不僅充實我們既有的策略，補足若干先前未曾發現的細節內容，或者可以指引我們調整大小方向。

　　公元一世紀有句歐洲格言：「不容許修改的計畫是壞計畫。」的確如此！

　　人生中有件事相當無奈；每個人在展開新歷程之時，皆無法確切了解，自己究竟走向何方，無法完全清楚，究竟該如何達成目標。

　　我們邊走邊學，假如願意調整方向，則這些新學到的東西會頗有助益。

　　除非我們踏上追求目標的奮鬥旅程，否則有一些資訊永遠無法加以處理。這些新資訊，在我們努力清掃路途障礙的過程中，才能綻放光芒，發揮作用。

　　也唯有在我們朝夢想邁進時，才能從這些新資訊中，解讀出新的機會。

　　有些東西遠看眩目，趨近一看，卻平平常常；有些東西遠看似乎混沌，但愈靠近愈見光彩奪目。

　　人生旅程的景觀一直在變化；向前跨進，就看到與初

始不同的景觀；再上前去又是另一番新的氣候。

經常檢查自己的計畫

要能夠隨時掌握人生目標的進度與方向，需要勤奮不懈以及持久耐心。

一個人的注意力很容易被分散，而一直不斷包圍著我們生活中的問題，有時候會令人無法精神集中。

等到我們明確知道我們身在何處時，我們的人生目標早已被遺忘，夢想早已被粉碎。

無論是每日、每週或是每月做一次確認工作，都能夠讓維持在正確的方向，並且非常真實地給人激動與成長。

做確認工作意味著你必須和已經成為百萬富翁的人多多交往、學習。

切記，要不斷地找尋那些比你有成就感、有某件事做得比你好的人，作為學習模仿的對象。

市面上，常出版一些關於如何自省的新知與技巧，或關於某些人如何完成一些偉大的成就，發展出如何將事情做得更好的理論與方法的書籍，供你參考。

避免與終日抱怨，滿腦子負面思想的人為伍。

要戰勝腦子裡存在的負面思想，要花費更多積極、正面的鼓舞。

　　換言之，就是你在自己心靈的視窗為自己站崗、把關，當正面或負面的思想抵達門口時，你的工作就是決定該讓何種思想透過。

　　當然是正確思想順利過關，將負面思想阻擋在外。

　　假設你最終的人生目標是在你的城市創造一個最大而且最成功的企業。

　　隨著歲月流逝，你的知識及經驗都不斷的成長也許會發現，你早期的人生目標在不知不覺中拓寬了！

　　重點是在你所進行的方向。當失去這個方向的時候問題將會接二連三的出現。

　　例如：

　　一個製造電器用品並且將產品銷售給其他公司廠家，在其他大市場的企業不斷地擴充、成長時，在這幾年之中，該公司特別投注心力在某一個特殊產品的領域上，直到公司成為該產業的獨占者為止。

　　當該公司所生產的特殊產品不再為消費者所需求時，即是該公司應該結束的時候了！

　　這個情形就是，該公司將一個非永久有需求的產品帶進了一個有限的市場，整個企業的成與敗都依賴這一產品。

你千萬不能將自己的目標局限在某一個可能隨時會結束的方向上！

應該選擇一個方向，能夠包容改變，並由改中吸取經驗，獲得利益。

不要讓你其他附屬的或次要的目標，影響或改變了最終的人生目標，它們存在只是為了幫助你早日達成人生目標，不是來改變你人生的方向。

在你人生的旅途中，附屬次要目標在一段時間之後可能會拓寬或甚至改變了方向，也可能創造出新的目標或去掉一些目標，但最終的目的只有一個：

那就是要達成最終的人生目標。

調適再調適

因為這個緣故，在人生道路前進時，要有調整方向的彈性。

近代史上，有一群人特別成功，那就是第二次世界大戰中，曾被囚禁於納粹集中營而倖存的人。

赫姆瑞可博士在一本著作中，拿這群人和戰前即遷居美國的同齡猶太人做比較。

結果發現，平均而言，這批倖存者的教育程度較低，但日後的事業成就較大，收入較高，較熱心從事社會服務工作。

　　赫姆瑞可探究原因，發現這些歷經苦難折磨，卻頗有成就的人，具有若干共同特質，其中最重要的兩點是：

　　隨時準備主動展開新任務，且能針對環境變化，隨時進行調整與調適。

　　20 世紀生物學一再對我們耳提面命：「調適就是生命，生命就是調適。」只要朝著積極的方向改變，便毋須羞恥。

　　很多人明明接收到新消息，卻好像很難據此改變既有計畫。

　　他們拉不下臉承認錯誤，也不肯重新考慮原來的目標策略或方法，只好硬著頭皮，繼續實施錯誤的計畫。

　　財富稍縱即逝，愈快改正錯誤愈好。

　　重新檢討路徑或謀略，非但不表示自己不行，反而可顯示實力堅強。

　　聰明的人都了解，最好的計畫是在資訊不齊全的情況下制定的。

　　機警的人一邊將計畫付諸行動，一邊加強蒐集資訊。

　　唯有藉由持續不斷的親身經歷，才有辦法對計畫進行妥善的修正。

　　凡未能隨時修正計畫的人，多半因為自身欠缺安全感，以致絆腳。

這種人必須改變觀念，不要再誤以為所謂卓越，就是無所不知；要敞開心胸，接受新觀點，隨同而來的新變化，放大自己有限的視野。若非如此，無法充分發揮潛能，獲致最滿意的成就。

在一連串實現夢想的過程中，如我們有心探求回饋消息，可以不斷取得，據以修正目標或方法。「預期發生預料之外的事」是絕佳的人生格言。

我們所生存的世界，既複雜又動態，不斷回憶變化；假如生活中沒有經常遭遇些令人驚慌之事，那才奇怪。

我們必須隨時準備面對出乎意料的情況 —— 這些情況會引我們走向未曾計劃之處。

我們必須知道，通往成功的道路往往迂迴曲折，一定要預先做好因應準備。

從出發點 A 到終點 W 不太可能是條完全筆直的線，我們時而偏左，時而偏右。

目標訂得夠清楚明確，在行進的過程，可根據實際情況，將這一切迂迴曲折，通通納到我們的計畫中。

假如內心有明晰的前景藍圖，信心堅強、計畫周全，具備隨時調節的靈活彈性，便能對人生道上一切狀況應付自如。

　　前景藍圖和信心兩者皆極其重要，一個人對自己期待
獲得之事物，或正要前往之方向，欠缺明晰的藍圖，容易
把事情變得既複雜又困難，迂迴曲折，白走許多冤枉路。

　　自信不足的人，會因為遭遇未預期之事，即裹足不
前，實在很糟糕。

　　有些事情雖出乎意料之外，但這不等於是挫折，即使
真的是挫折，也不是壞事。

　　事實上，計畫遭受挫折或延擱，反而會帶來意想不到
的好處。

　　具有獨創性

　　人們常先想到然後去行動，結果對往後的人產生極大
改變的機會。

　　其實這種突然想到的事，並不是偶然產生的，而是與
那個人過去的人生因果關係有關連。

　　從現實規律來看，這可以說是必須會產生出來的。

　　古今中外有許多人都有這樣的經驗，偶然產生出來的
靈感，完成了許多美好的工作。

　　這也是需要努力並抱著良好的想念才可以的。而這種
努力和想念，也會醞釀出更富有靈感的土壤來。

　　另一方面，也有人說：「天才是努力得來的」。

　　這並不是說努力就必定可以成為天才，每個人的容量都有限度。

　　做了超出容量以外的努力，雖然可以接近天才，但並不能成為天才。不努力的話，即使有天才秉賦的人，也不能成為天才的。

　　靈感或天才都是獨創性的問題，這種獨創性並不只在意識方面可以求到，在商業界中也是可以通用的。

　　中內功說：「即使做生意，也必須有獨創性。」他說：「這個社會是個活用個性的時代，也是一個必須將性格拿出來才能生存的時代。」

　　又說：「今後的經營，如果不把性格和哲學發揮出來的話，就不會有存在價值。」

　　中內功所創立的大榮公司，能在短時間內就向日本流通事業的最前列公司急促成長，是因為中內功能在生意上發揮獨創性的緣故，反過來，沒有獨創性的話，就絕對不可能有這麼大的發展了。

　　你想要獲得財富，必須有獨創性才行。只要你積極的工作，靈感就會湧出來。要看你有沒有獨創的決心，凡是要完成一件事，必須有決心。不能活用自己特性的時候，只要有決心的話，有時也可以做到獨創性的工作的。

到達巔峰需要付出努力

天文學家克卜勒的一生都在不停地與貧困挫折奮鬥。由於當局的命令，在公共場所，他的著作被焚燒；耶穌會人士查封了他的圖書館，他本人則被公眾輿論所譴責。在整整 17 年的時間裡，他孜孜不倦地終日伏案，進行著緊張地思索和運算，最終得出了著名的克卜勒行星執行定律，成了有史以來最偉大的天文學家之一。

大仲馬（（Thomas-Alexandre Dumas））說：「當我意識到自己是一個黑人的時候，我就下定決心要像白人一樣生活，並迫使那些人欣賞我的格調和內涵，而不是看重我的膚色。」

在世人眼裡，成功機會微乎其微的詹姆斯·夏普萊斯（James Sharples）最終成為了家喻戶曉的英國藝術家。他出生時家徒四壁，但貧苦並沒有把他嚇倒。他沒有錢買書，只能在寂靜無人的凌晨三點鐘起來抄書。為了購買到便宜的藝術品，他常常不辭辛勞地徒步跋涉，到 18 英里外的曼徹斯特去，經過一天的勞累後買到價值一先令的藝

術品。為了獲得更多的時間來學習知識,他還主動請求承擔鐵匠鋪裡最繁重的工作,因為在那裡工作時,生鐵需要在煉鐵爐裡多加熱一段時間,他把書靠在煙囪上,可以利用這點時間,邊工作邊學習。

在他看來,任何一點時間都珍貴無比,因為他知道光陰易逝,一去不復返,所以在時間方面,他絕對是一個惜時如金的守財奴。他在寂寞中一個人苦鬥,他的那部著名的作品是他用所有的閒暇時光鍛造出來的。如今,在許多的家裡都能找到他那部著名的作品。

科學的道路從來都是荊棘遍布、怪石嶙峋,只有那些不畏艱險、努力攀登的人,才有達到科學巔峰的可能。伽利略(Galileo Galilei)就是一個勇攀科學高峰的典型例子。出於對世俗的金錢地位的追求,他的父母從小就逼迫他上醫學院。因此,在世人眼中,這個熱愛自然科學的孩子想要在物理學或天文學方面有所作為是十分困難的事。然而又有多少人知道,他為了觀察木星和金星的相位,有多少個月明星稀的夜晚,當整個威尼斯都在沉睡之中時,他仍然一個人佇立在聖馬可大教堂的塔樓上透過自製的望遠鏡觀察。

經過努力探索,他終於有了偉大的發現,提出了地球

圍繞著太陽運轉的理論。但是他的理論在當時被認為是異端邪說。因此 70 歲高齡、身體虛弱的的伽利略被迫彎曲雙膝在公眾面前接受指責，然而宗教裁判所任何令人髮指的折磨都無法使他低下高貴的頭顱。在他入獄後，他那顆搏動的心對科學研究的興趣仍不改當初。利用單人牢房裡的一根麥桿，他證實了一根實心的棒子不如一根中空的管子更為堅固。他的一生從未放棄對科學的追求，即使是在晚年雙目失明之後也是如此。

天文學家赫歇爾（Frederick William Herschel）出身貧寒，名不見經傳，也是一個沒有得到幸運之神垂青的人。為了維持朝不保夕的生活，他不得不到街頭演奏雙簧管，然而，同時代那些擁有最為精良設備的天文學家卻沒有發現他用自製的望遠鏡所發現的科學事實。當他把關於天王星執行軌道、執行速率以及土星的執行狀況的發現寫成報告，並遞交給英國皇家協會時，這個默默無聞的年輕人在科學界引起了多麼大的震撼啊！據說，他最多一次竟然磨碎了 200 多塊鏡片，目的就是為了能夠得到一塊理想的反射鏡。

同樣，喬治·史蒂文生（George Stephenson）的家庭狀況也十分窘迫困頓。

　　由於貧困，他和父母以及 7 個兄弟姐妹不得不擠在一間簡陋的土房裡。童年的喬治是個放牛的孩子，這個聰明倔強的孩子在為鄰居放養母牛時，一有機會就製作泥製的機械模型。從 17 歲那年起，他開上了真正的火車，而他的父親則做鍋爐工。由於他從小就沒有接受過正規的學校教育，所以他既不會讀書也不會寫字，但是火車就是他最好的老師，而他則是最忠實的學生。喬治在節假日或閒暇閒時總是認真地拆卸他的機器，把它們清洗乾淨，仔細地研究它們的作用，並一次又一次地做試驗，而此時別人都在輕鬆地玩著紙牌或者遊蕩在酒鋪飯館裡。他整日埋頭苦幹，對火車做了重大改造，並以貢獻巨大的發明者的身分遠近聞名，而那些悠閒度日的人卻說史蒂文生只是交了好運罷了。

　　夏洛特‧庫什曼（Charlotte Cushman）憑藉對藝術的濃厚興趣，下定決心要成為第一流的女演員。她雖然沒有嬌美的容顏和動人的身材，但是她卻夢想著能夠飾演羅莎琳（Rosalind Elsie Franklin）或葉卡捷琳娜大帝（Yekaterina Alekseyevna）這樣的重要角色。機會總是降臨於那些有所準備的人。一天，一位明星級的女演員因故不能上場，庫什曼作為候補演員臨時出演那個角色。在那個迷人

的夜晚，她以其對飾演角色的深刻理解和爐火純青的表演藝術，令在座的所有觀眾都為之傾倒，人們完全忽略了她平凡的容貌和普通的身材。在他們眼中，她就像天使般美麗動人。當她在倫敦劇院第一場演出的大幕拉下時，她已經奠定了自己在演藝界的地位，儘管在此之前，她一直窮困潦倒、知音寥寥、藉藉無名。在此後的歲月裡，當醫生告訴她患有嚴重的、不可救藥的絕症時，她一點都沒有因為命運多舛而陷於抱怨、傷感和消沉之中，她也沒有因此而退縮半步，面對此情此景，她只是鎮定地說：「在逆境中生活並不可怕，我早已經習慣了。」

在一間破舊的小木屋中，一個貧窮的有色人種的婦女拉扯著 3 個男孩艱難度日。捉襟見肘的經濟狀況使得做母親的只能為 3 個孩子買一條褲子。就在這樣窘困的條件下，母親仍然渴望孩子能夠接受良好的教育。因此，她就輪流把 3 個孩子送到學校。孩子們的老師是一位北方的女孩，她注意到了這個家庭中的每個孩子每隔 3 天上一天學，並且他們穿著同一條褲子。這位母親是如此偉大而崇高！她雖然貧窮，但她卻竭盡所能讓孩子們接受教育，而這 3 個孩子也沒有辜負她的期望，後來，3 個孩子分別成了南方一所大學的教授、一名醫生和教會的牧師。這 3 個

孩子的成長經歷足以給那些整日無所事事、浪費生命，動輒以「沒有機會」作為藉口的年輕人以深刻的教訓。

薩繆爾・康納德（Samuel Cunard）居住在格拉斯哥，謀生的手段就是削木頭。儘管他運用充滿智慧的大腦和那把摺疊刀完成了無數不尋常的小發明，但是這些並沒有帶給他任何名譽或報酬，他還是掙扎在窮困的泥潭之中。直到有一天，伯麥公司來人找到了他，他們希望康納德能夠幫忙改進運送外國郵件的運輸船設備。這個令康納德日後聲譽鵲起的機會終於來了。薩繆爾・康納德精心製作了一艘汽船的模型，這令伯麥公司十分滿意。此後在著名的康納德航線中投入使用的第一艘船隻就是完全照這個模型建造的，而且此後的所有同類船隻都以這一模型為參照標準。

自信地展現自己的才華

　　著名金融家與慈善家史蒂芬・吉拉德（Stephen Gi-rard），也是在逆境中成才的典範。他在 10 歲那年遠離了自己的故鄉法國，來到了大洋彼岸的美國。開始，他的第一份工作是在船上當侍者，而他遠大的抱負就是要為自己開闢一天片地，並不惜一切代價追求成功。他願意做任何工作，不管這份工作是多麼地繁重勞累，或者是骯髒卑微。就像在古希臘神話中點石成金的邁達斯（Midas）一樣，他做一行賺一行，最終成了費城富可敵國的大商人之一。

　　我們把他作為典範，並不是要讚美他對金錢非同尋常的熱愛。但是，毫無疑問，他在國家需要時表現出的公益精神，他對生活目標全身心投入，以及他冒險去搶救垂死的黃熱病人，不惜以自己的生命為代價的義舉，都是值得我們推崇和效仿的品質。

　　年輕的約翰・沃納梅克（John Wanamaker）在費城的一家書店裡打工，他每天都要步行 4 英里去上班，每週只有 1 美元 25 美分的報酬。過了一段時間，他又去製衣店

工作，每週多賺 25 美分的薪水。從這樣一個起點開始，他不斷地向上攀登，最終成了美國最偉大的商人之一。1889 年，哈里森總統任命他為郵政總局局長。在這個職位上，他卓越的領導才能和傑出的行政能力也得到了充分展示。

有色人種女孩埃德蒙妮亞·劉易斯（Edmonia Lewis）並沒有因為種族和性別的歧視而停止前進的步伐，這個沒有任何背景的女孩最終為自己闖出了一片天空。身為著名的雕刻家，她贏得了世人的尊敬和屬於自己的那份榮耀。

弗雷德里克·道格拉斯（Frederick Douglass）的成功之路的起點比一無所有還要惡劣，他甚至不擁有自己的身體，因此，他的成功之路更是荊棘密布，困難重重，挫折不斷。他在出世前就已經被作為抵押品抵償給奴隸主還債了。即便是與最困窘的白人孩子相比，為了與他們獲得同樣的起點，弗雷德里克·道格拉斯也必須付出艱辛百倍的努力。在一年當中，他只有兩三次機會在夜晚見到母親，母親在經過 12 英里的徒步跋涉後與他待上短暫的一個小時，然後就必須匆匆返回家中，以便在拂曉時分可以像往常那樣去田裡耕作。根據種植園的規定，奴隸是不允許閱讀和寫字的，因此，他沒有機會學習，更沒有老師教他。

但是，他那顆求知上進的心卻沒有停止追求。趁著主人沒有發現，他暗地從一些碎紙片和曆書上學習了字母表。而知識的大門一旦開啟，就再也關不上了。他的學習經歷足以令成千上萬的白人孩子感到羞愧無比。

他在 21 歲那年逃出了種植園，隻身來到了北方，從此擺脫了被奴役的命運。為了謀生，他在紐約和新貝德福德做搬運工的工作。在麻州的南塔克特，他獲得了一次在一個反奴隸制會議上發言的機會，由於他的演講非常出色，語驚四座，因此他被推選為麻州反奴隸制協會的成員。此後，他奔波於各地去演講，在此過程中，他抓住一切機會進行學習，並不斷地提升自己。後來，他又被派到歐洲進行廢奴宣傳。在那裡，幾個人與他建立了純潔的友誼，並贈給他 750 美元。他用這筆錢贖回了自己的自由。在羅徹斯特，他創辦了一份報紙，此後又在華盛頓從事《新世紀報》的編輯工作，還在哥倫比亞特區當過幾年執法官。

家喻戶曉的著名演員亨利‧迪克西（Henry E. Dixey）的舞臺生涯是從最卑微、最無足輕重的小角色開始的。

巴納姆（Phineas Taylor Barnum）是著名的遊藝節目經理人，他曾經為了謀生做過馬術表演，報酬僅為每天 10 美分。

用堅韌克服威脅

　　拿破崙從厄爾巴島上逃脫，再次回到巴黎時，威靈頓公爵（Duke of Wellington）的副官德雷上尉正躺在醫院的病床上接受治療。他得的是結核病晚期。

　　「我的生命還有多長時間？」得知消息後，他急切地問醫生。

　　「上尉先生，如果您能積極配合治療的話，我想再過幾個月是沒問題的。」醫生加答說。

　　「哦，只剩下幾個月了！」德雷上尉躺在病床上嘆了口氣，但很快坐了起來，「我不能待在這裡等死，我是一名軍人，我的生命應該屬於戰場。」於是，他拔掉輸液管，參加了著名的滑鐵盧戰役。戰爭中，他因受傷不得不將患肺切除，但儘管如此，上尉還是將生命又延長了幾年。

　　卡爾十二世（Karl XII）被困於史特拉頌期間仍沒有放棄希望，他叫來祕書向他口授一封信，這時，一枚炸彈穿透屋頂落在了國王身邊，祕書嚇得臉色慘白，手中的

筆和紙也掉到了地上。「怎麼回事？」卡爾十二世泰然自若地問。「是 ── 炸彈 ── 陛下！」祕書的聲音有些顫抖。「炸彈是信中要說的內容嗎？把你的東西撿起來，繼續寫！」

以勇敢機智著稱的普魯士將軍澤迪茲當初不過是一名中尉，在一次偵察行動中，他奉命保護國王。要過橋的時候，國王突然問身邊的澤迪茲：「如果敵人已經占領了過橋的所有道路，你打算怎麼辦？」「那就從敵人的眼皮底下過去。」說完他催馬躍入河中，安全快速地游到了對岸。國王被他的才智折服，當即宣布提升他為少校軍銜。

拉尼斯一馬當先衝入守衛羅地橋頭的奧地利軍隊中，緊隨其後的是拿破崙。拉尼斯勢不可擋，他一手拔掉一面迎風招展的旗幟，突然他的馬中彈斃命，他看準一名軍官的座騎，一躍而上，並一劍刺死這名軍官。他越殺越勇，所向披靡，一轉眼間 6 個奧地利士兵丟掉了性命。趁敵軍慌亂之際，拉尼斯又縱馬安全無損地返回了陣地。拉尼斯的勇氣為他贏得了讚譽和提升。

為了檢查礦工用的安全燈的實用性和可靠性，喬治・史蒂文生決定到最危險的坑道去實驗，這讓朋友們和工友們十分擔心，要知道，如果實驗失敗，安全燈將發生暴

炸，實驗者的生命將受到威脅。但是，在史蒂文生的觀念中，失敗比死亡更可怕。

在充滿瓦斯的坑道入口處，史蒂文生做好了準備，他手持自製安全燈一步步向坑道深處走去，地面上的人們不自覺地撤向安全地帶。已經到了最危險地段，史蒂文生停下腳步，緊盯著安全燈的變化，起初燈的火焰突然亮了一下，但很快就閃閃爍爍地暗下去，最後熄滅了。在瓦斯洶湧的環境裡，史蒂文生的燈安然無恙，試驗成功了！他的勇敢為成千上萬的礦工的安全帶來了保障。從此，煤礦照明安全燈誕生了。

另一位勇者的名字叫約翰·梅納德，是一名工作在愛里爾湖上的舵手，在一次航行中，船上的蒸汽機發動機部分突然起火，當時，他就在火焰中央，但他沒有棄舵跳水自救，而是緊緊地握住螺旋槳把船開進了港口，船上的乘客得救了，可他卻活活地被燒死了，為了紀念他，人們親切地稱他為「愛里爾湖的英雄舵手」。

讀過《湯姆·布朗的學校生活》（*Tom Brown's School Days*）的小朋友，一定不會忘記那件振奮人心的事情。一天，橄欖球學校裡來了一位新同學，他就是體格瘦弱的喬治·亞瑟，這是他第一次離開家，離開媽媽進入到集體

生活中。湯姆是他在學校的第一個朋友。晚上，他們一同
回到宿舍。亞瑟很想家，他小聲問湯姆是否可以進行祈
禱。湯姆告訴他可以，然後轉過頭繼續和其他舍友說話去
了。亞瑟像從小到大習慣地那樣，跪在自己的床頭，雙手
合十，開始祈禱。宿舍裡其他的孩子從不曾這樣做過，於
是，他們開始嘲笑亞瑟，其中的一個男孩竟把一隻拖鞋扔
了過來，這一幕激怒了正準備制止嘲笑的湯姆，他勇敢地
站了起來，脫下一隻鞋用力向那個扔拖鞋的男孩擲去。
「以後，誰膽敢再欺負亞瑟的話，那麼另外一隻鞋就是他
的。」這次見義勇為的行為，讓湯姆和亞瑟在橄欖學校以
後的日子過得很順利。

女人往往給予男人勇敢的動力，然後再為凱旋的勇
士送上鮮花。一個斯巴達少年埋怨自己的劍太短，他的
母親告訴他說：「那就向前再跨一步。」另一位母親對即
將出征的兒子說：「記住，你的盾不但可以保護自己，它
還能給敵人有力的回擊。」在近代戰爭史中，一個女人對
另一個女人說：「我寧願成為烈屬，也不願守著懦夫過一
生。」

以生命堅守信念

古代的蘇格蘭每年都要舉行盛大的、傳統的祭祖儀式。到了這一天，所有的人都來了，只有兩位婦女因不願接受這種封建的儀式，拒絕接受這種信仰沒有來參加，於是，統治者下令淹死她們以示懲罰。她們被綁在了水標之間的柱子上，年長婦女離洶湧而來的潮水近一些，她希望一會自己慘死的景象會使年輕的婦女改變信仰繼續活下去，因為她還太年輕。果然，年長婦女的死相很恐怖，但這絲毫未讓年輕的婦女動搖。她為自己的信仰縱聲高唱，人們想挽救她，不停地勸她，解開了綁她的繩索，可是，她沒有回頭，依然向著澎湃的潮水高唱，直到被淹沒，她用死捍衛了自己的信仰。

亨利三世（Henry III）聽信了吉斯黨的讒言，把以帕里西為首的新宗教改革派關進了巴士底獄。一年後，亨利三世去看望帕里西，並對他說：「我的朋友，現在放棄新宗教原則還來得及，否則，我不得不宣判你和另外兩名女孩死刑？「記得你不只一次說你可憐我，現在我倒覺得你

很可憐，你是國王，一國之君，怎麼會說出？不得不？這
幾個字呢，難道你在祈求我嗎？我和我的同伴早已配戴了
天國的勳章，而你為什麼沒有戴上皇冠呢。無論是你，還
是吉斯黨，都不能讓一名陶工放棄他的信仰。」帕里西沒
有屈服，他高昂著頭，直到呼吸最後一刻。

　　勇氣不僅僅展現在宏偉業績中，還廣泛展現在日常生
活中。保持誠實、正直的品格，面對誘惑毫不動心，堅持
講真話、講實話，不偽裝自己，不為金錢變得勾心鬥角、
奸詐狡猾。日常生活中的種種言行都需要勇氣，而真正做
到以上這些，恐怕還要拿出比做驚天動地的偉業更大的
勇氣。

　　我們的生活中之所以不斷發生不幸和犯罪，歸根結柢
都是因為大多數人缺乏勇氣，缺乏抵抗惡勢力、惡現象的
勇氣。

　　朗費羅（Henry Wadsworth Longfellow）警示我們：
「在你的門上刻上古老的智慧之言：『勇敢！再勇敢一
點！』時刻銘記：『勇敢，但不可魯莽！』」

離成功只差一步

　　一個開發商在一個他認為極有可能蘊藏金礦的地層開掘了一條長達 1 英里的隧道，但沒有發現金礦，這條隧道共耗費了他 100 萬美元，歷時 1 年半。這個開發商失去了耐心，他把這個地塊賣給了另一個開發商。這個開發商在原來那個隧道的基礎上只又挖了一碼，就發現了金礦砂，真的是一步之遙，兩種命運。

　　了解歷史的人都知道，蒸汽機是 20 世紀初世界歷史上最最偉大的發明，它為人類生活帶來了深遠的影響，蒸汽機的發明人瓦特（James Watt）由此被尊稱為蒸汽機之父。實際上，公元 1 世紀時，在希臘就有了蒸汽機的雛形 —— 蒸汽鍋，這個設備雖然比較簡單粗糙，但實際上已包含了現代蒸汽機的所有原理，如果那個時候能夠進一步對蒸汽鍋進行改良，說不定人類將會提前 2,000 年用上蒸汽機。

　　德尼‧帕潘（Denis Papin）1688 年就發明了圓柱體內的密封活塞，之後壓力發動機也被湯瑪斯‧紐科門

（Thomas Newcomen）發明出來。兩項發明距離蒸汽機發明彷彿觸手可及，但是，這一步之遙還是等到瓦特在紐科門發明的基礎上進一步研究探索，才真正邁了過來。

　　電報機的原理很早就被人們所知，但是直到摩斯教授（Samuel Finley Breese Morse）才想到應用它為人類謀福。摩斯教授於 1832 年開始進行電報的發明研究，在成功發明了電報機後，摩斯教授由於研究經費的短缺而不得不停止了研究，直到 1843 年，摩斯教授才又開始研究，他用美國國會資助的 3 萬美元建造了從華盛頓到巴爾的摩之間的世界上第一條電報線，從那以後，電報機才真正開始為人類服務。

　　汽船發明者美國人約翰·菲奇（John Fitch）早年生活貧寒，可以說吃了上頓沒下頓，情形比乞丐強不哪去。為此，他受盡了白眼，別說富人瞧不起他，就連平常老百姓也從心裡鄙視他。可是，菲奇和他的朋友卻心存鴻願，他們排除萬難，潛心研究，終於在 1790 年發明了汽船，20 年後，富爾頓汽船才被研究出來。

　　早期的腳踏車只限於那些喜歡運動的人使用，後來，新式鏈條的發明使腳踏車的安全係數和便利條件都大為提升，腳踏車的需求量也隨之升高，但直到氣胎應用到腳踏

車上，腳踏車才完美起來，真正走入千家萬戶中，為人類帶來了巨大便利。

現代機車發明人喬治・史蒂文生也是在別人的設計基礎上透過改善缺陷成功發明機車的。史蒂文生是個細心的人，同時也是個意志堅強的人，否則他也不會於 1815 年成功製造出「噴氣比利」。雖然「噴氣比利」真正經濟耐用，但是人們還缺乏對它的熱愛與認同，史蒂文生要想贏得人們的認可，就要製造出一列可實地執行的機車，這個夢想於 1830 年成功實現了。1830 年，喬治・史蒂文生製造出了一個叫「火箭」的火車頭。終於，史蒂文生製造的世界第一列火車行駛在了利物浦和曼徹斯持之間的鐵路上，人們也終於認同了這個龐然大物。

我們知道，並不是史蒂文生發明了鐵路，而且用蒸汽機推動機車也並不是他一個人知曉。這些雛形早在「特里維西克」機器上就已有所展現，但可惜的是特里維西克（Richard Trevithick）沒有繼續他的研究，也沒有認真改進研究成果的缺陷，否則他才是現代機車的發明人，而非史蒂文生。

做事情需要持之以恆、鍥而不捨的精神，每個想成就事業的人都應該大力培養這種精神，這樣你才能把你的才能發揮到極致，才能不半途而廢，跨過成功的一步之遙。

引領生存競爭

我們可以從自我實現的人那裡看到，適宜工作環境的態度就是最理想的工作態度。這些高度進化的員工將工作融入自我的定義中，工作已成了自我的一部分，而這個自我是員工對自己定義下的自我。工作具有心理治療以及心理內化的功用，也使人們成功地邁向自我實現。

從某種程度上來說，這是一種因果關係，例如，有一群優秀的人在良好的組織中工作，而工作可以進一步提升他們的素養。改善了人的自身就能改善整個產業，並進一步改善產業內的員工，如此循環不斷。簡單地說，正確管理人類的工作、生活以及謀生方式，可以成功地改善人類以及這個世界，而且從這個意義上講，這也是一種達到商業理想境界、創造財富的方式。

馬斯洛曾放棄了透過個別的心理治療來改善企業組織或改善整個社會的觀點。因為他認為那是不符合實際的。在人數上也是無法辦到的（尤其有很多人並不適合作個別治療），於是他寄望以教育的方式，將優心態式的理想目

標擴及整個人類。

後來他想到將個人心理治療視為最基本的研究數據，並將其應用到教育機構以完全地改善人類全體。但不久他猛然驚醒：教育雖然非常重要，但更重要的是個人的工作生活，因為每個人都必須工作。如果能把心理學、心理治療、社會心理……等等應用到我們的經濟生活之中，那麼運用人本管理原則改善整個人類將不再是紙上談兵。

顯然，這是極有可能實現的。我們在第一次接觸管理理論以及人本管理策略時，其實就已經看出人本管理本身存在著非常先進的論述形式，並朝向開明、綜效的方向健康發展。就單純改善品格、改善勞資關係、改善對於具備創造力員工的管理等方面來說，很多人都發現第三勢力（指人本心理學，其目的是促進員工成長，達成自我實現以及造福社會）確實發揮了不可低估的作用。

比方說，我們直覺地認為彼得‧杜拉克（Peter Ferdinand Drucker）對人性的論述與第三勢力的內容非常相近，他是憑藉對工業和管理現況的調查研究而做出結論。實際上，他對專業的社會科學或心理學一竅不通，但彼得‧杜拉克對人性的了解絕不亞於羅傑斯（Carl Ransom Rogers，美國心理學家，首創非指導式諮商，又稱為受輔

者中心治療法或當事人中心治療法。強調在心理治療的過程中，治療者只傾聽當事人支持與鼓勵，讓他自行說出心理的困擾）。

羅傑斯的主張改變了傳統治療者和當事人的對立關係，使治療者和當事人處於平等的地位，以激發當事人自我成長和自我實現的潛能。他認為員工的性格深受社會文化的影響，有什麼樣的社會，就會塑造出什麼樣的性格。他指出人有五大需求：相屬需求、超越需求、生存需求、統合需求和定向需求，這是個人健康發展的基本，但是社會體系無法同時滿足這些需求，因此彼此之間便產生了衝突。此外他認為有五種不同類型的性格：依賴性格、掠奪性格、囤積性格、市場性格和生產性格（具備生產性格的人具創造性、自主性，是最健康的性格），因此，顯而易見的是，不久的將來，工業實況必將成為研究人類心理學、高度人性發展以及理想生態學的實驗室。但之前我犯了一個錯，以為工業心理學（屬於應用心理學的一支，主要是運用心理學的理論與方法，研究工作者的行為和心理，從而解決問題、提升生產效率）只是簡單地運用社會心理學說所得出的知識。但事實卻完全相反，那才是知識的源泉，它代替了實驗室，甚至比真正的實驗室更為有效。

　　當然，相反的情況也是毋庸置疑的，並且超過彼得‧杜拉克的理論。那裡面隱藏著許多珍貴的研究數據可以應用於經濟活動中。彼得‧杜拉克和同事可能是看到科學心理學就置之不理。其實不難發現，有些騙人的玩意以及沒有意義的論調，對複雜的人性來說確實是毫無價值的，但丟掉這些心理學理論，等於是把裡面珍貴的資訊也一起拋棄了。

　　長期以來，我們一直還存有很高的道德理想，試圖將科學和人性、道德目標結合在一起，努力改善人類及整個社會。因為工業心理學開啟了新的研究方向：代表新的數據來源，內容豐富的數據來源。另一方面，它還像一間全新的生活實驗室，讓我們可以不斷進行探索、研究，了解古典心理學所隱藏的一些問題，例如：學習、動機、情緒、思想以及行動……等等。

　　工業實況比個人心理治療更有助於自我成長和完善，因為它能提供同化與自發性滿足。心理治療傾向於個人發展、自我與認同等議題。我認為無論是創造性教育或創造性管理，都不應該僅限於員工的發展上，而是透過所屬的社群、團體以及組織，這些才是達成自我成長的有效途徑。

當然，對於無法進行心理治療、心理分析與頓悟治療的人尤其重要。至於智慧不足、只能具體思考的人，則根本不能用佛洛伊德方法治療成功。因此，當個人治療師一籌莫展時，一個好的社群、好的組織、好的團體往往能造成更有效的作用。

自我實現的工作如果被自我內省所同化，或經由投入作用（個人了解外在的客觀世界之後，加以吸引並內化成為他內在的主觀經驗）同化於自我之中，此時，工作就具有治療或自我治療的作用。當自我實現的工作成為自我內心的一部分時，你不必與內心自我直接交涉，仍能達成自我實現的目標。

換句話說，人們會將內在的問題投射於外在世界，使其成為外部矛盾，較易尋求解決辦法，也不會產生焦慮，比起內省（個人陳述自己的經驗，心理學家藉此研究員工的內在心理歷程，又稱「自我觀察」）方式，不會輕易感到壓抑。事實上，我們常常不知不覺地把心裡的問題投射於外在環境。

舉一兩個最簡單、易被接受的例子：第一，藝術家（大家一定都同意，通常他們會把內在的問題投射於畫布上）；第二，許多腦力工作者也有同樣的情形，他們很多

時候都不自覺地把一些內在的問題，投射到所做的每一件事上，只是他們沒有意識到罷了。

這不是談論什麼生存的新花招，或什麼「訣竅」，或膚淺的技術，它不是用來更有效地操縱人們以求達到非他們自身所需要的目標，這也不是一種進行剝削的嚮導。

永遠保有決心

　　目標是方向，決心是潛在的動力，具備了這兩點，成功就在不遠處向你招手。哥倫布（Christopher Columbus）因橫渡大西洋，發現美洲大陸而揚名世界。他成功的關鍵就在於，他心目中早已確定了為之奮鬥一生的目標，以及為實現目標而不惜犧牲自己的決心。

　　在現實生活中，許多年輕人的生活漫無目的，他們隨波逐流、碌碌無為，毫無生氣地虛度歲月、虛度年華、虛度生命，沒有任何明確的目標和願望，沒有任何明確的方向和計畫，他們失去了自我，似乎被環境等因素禁錮了。在他們的生命中，貫穿始終的強烈而明確的目標根本不存在。但是事實上，只有強烈而明確的目標才能無限地發揮我們的才能，並且賦予我們的才能以實際的意義。如果不把工具放到需要它們的行業中去，那麼這些工具就會成為廢物，這正如我們獨特技能和滿腹才華，如果沒有機會去展示，那麼它們就失去了任何意義。一個人的生命中如果沒有一個明確的目標，那麼他既不會得到快樂和幸福，

他的所作所為，也不會有益於社會，有益於人類的發展程序。

雕塑家在選定了作品的題材後，要在頭腦中勾畫出整個雕像的確切輪廓，而在這一切準備工作未完成之前，千萬不要在所用的原料上漫不經心地隨意刻幾下，那樣很可能會毀壞整個雕像。生活也和雕塑一樣，在沒有確定要如何進行雕塑前，千萬不可草率行事。也有些人可能會這樣想，雖然他們的頭腦裡沒有明確的目標，但如果他們終日辛勤地敲打大理石，鍥而不捨地工作，那還是有可能完成一些東西的，這樣想就大錯而特錯了！與其去糟蹋雕塑用的木料和大理石，還不如索性不拿鐵錘去敲打，因為只留下一堆殘缺不全的無用廢物，還不如將原料原封不動地留下。

一個人的思維處於低潮期，他的事業和生活也會陷入人生的低谷，僅僅按照他的衝動和本能去行事，那麼他根本沒有機會去成就一番偉大的事業，他的生命之舟只能擱淺在沙灘上聽命由天，他沒有機會成為某個群體中受到關注的人物，因為他的未來將做什麼沒有人能夠預測，或者他的未來能做成什麼也沒有人能夠預測，他也許不會有任何衝動或決定，正如一艘沒有舵的船盲目地在大海上航

行，如果運氣好，海風可能將它吹進安全的港灣，否則它也許會在海上漫無目的地隨波逐流，或者遇上暗礁，而粉身碎骨。

最睿智的天才也可能毀於優柔寡斷、舉棋不定、猶豫不決的生活態度。在殖民地面臨危機的那段黑暗歲月裡，美國殖民地要獲得獨立和贏取主權，似乎困難重重。但是接下來的歷史卻被那些傑出的英雄人物用明確的決心和偉大的決定改寫了：他們制定了美國憲法的框架，並簽署了《獨立宣言》，為美國今天的獨立和自由奠定了堅實的基礎。

在漫長的海岸上，我們能夠看見許多建造得很完美，而且裝備精良的船隻擱淺在岩石或暗礁上。我們看到有些人的生命之舟破敗不堪，而且被拋棄，其原因就在於他們允許自己在生命的某個漩渦裡沉陷，允許自己被突如其來的湍急水流捲走並控制，從而無法地開始自己的人生之旅。他們一遇到挫折就改變了自己的航向，正如樹葉或漂浮的木頭隨波逐流一樣，意志軟弱而猶豫不決的人在遇到了事情時，沒有能力說「是」，但更不敢說「不」，彷彿風車受控於風向一樣，讓形式各樣的誘惑、公眾的輿論或外在的壓力支配著。

有的人很幸運，因為他擁有超越猶豫不決和舉棋不定的非凡意志力，他反感所有的清閒和安逸，嘲笑所有的反對和抨擊。他深感到內心裡湧動著去希冀和去行動的力量，他相信自己的運氣，他深信自己擁有實現願望的能力；他清楚任何怯懦的拖延，任何懷疑的陰影，任何「如果」或「但是」的理由，過多的懷疑和恐懼都無法阻止他去嘗試；他譏諷那些充滿恐嚇的圓目怒睜，以及代表著阻礙和反對力量的流言蜚語；他對成為一個真正的人必須做些什麼非常清楚，而且他有膽量去做；他本身的人格要比他內心的本能衝動更強、更有力，對於各種意見和反對的聲音，他從不屈服；面對輕蔑和嘲諷，他雷打不動，他甚至還要嘲笑那些迫害者和嘲諷者；他既不會為巨大的壓力所威脅，也不會為寵愛或歡呼所動搖。

目標專一、意志堅定的偉大人物威廉‧皮特（William Pitt）在童年時，就被教導必須成就一番偉大的事業，才不會辜負家人對他的期望，這是他所受一切教導的主旨。他從未忘記過父母賦予他的神聖職責，不管他做些什麼，不管他身處何處，不管是上中學還是上大學，不管工作還是休息，他都應該出類拔萃，都應該為成為一個睿智、果斷、公正偉大的政治家而努力奮鬥。這個觀念在他的身體

裡滋長起來,並鼓勵著他堅忍不拔、鍥而不捨地朝著這個明確的目標努力前進。在 22 歲時他進入了國會,23 歲時當上了財政大臣,成為英國首相時也僅僅年僅 25 歲。

從這個鍥而不捨地追求信念的傑出人物身上,我們將獲得怎樣的啟示啊!他為了自己畢生的理想,奉獻了自己的全部精力、全部道德品質和全部堅強的意志力,在這一過程中,他將可能阻礙實現這一目標的一切欲望、念頭和想法都拋棄了。

為了一個確定的目標,他很早就接受了專門的訓練,誰能估價出這樣做的巨大價值呢?在大學畢業以後,他就堅定不移地朝著自己的這個目標勇往直前,不像其他人那樣為確定自己最好從事何種職業而猶豫不決,消耗光陰。

一個佩服皮特的對手說:「這個人一直都在翱翔,他既不會冒進,也不會退縮。」

「絕大多數人本來能夠勝任任何一項工作,但是他們卻為自己制定了一個誇張的計畫,最終導致他們一事無成。其原因就在於,他們從來沒有弄清楚自己到底要做什麼,或者自己到底要成為什麼樣的人。因此,在生命中的每一個階段,我們都能夠看到因為這種錯誤而導致的悲慘結局。」威廉‧馬修斯博士說。

　　一個人如果擁有經天緯地的卓越才能、周密而面面俱到的想法，但是缺乏意志上的決斷力，那麼他最終也會與失敗握手。那些對問題的任何方面都考慮得十分周到細微的人，一定不是行事敏捷的人，因為他缺乏那種堅定的斬釘截鐵的決斷能力。對於同一個行動的贊成意見和反對意見，如生動鮮明地展現在他的面前，每個方面都極力強調自己的迫切要求，那麼他做不到犧牲一個方面來成就另一個方面，即便當他已經決定選擇一方面而犧牲另一方面的時候，還會不時地被他所犧牲的另一方面仍然在發出的不斷要求所阻礙，因此，在最後成功到來以前，他會不可避免地遭到挫敗，除非他能堅定不移、鍥而不捨地朝著目標前進。

電子書購買

爽讀 APP

國家圖書館出版品預行編目資料

目標追逐者，提升個人競爭力的策略與行動：
耐心與逆境中的生存法則，適時釋放壓力，教
你如何從脆弱走向堅強 / 邢春如，王曉茵 編著．
-- 第一版．-- 臺北市：崧燁文化事業有限公司，
2024.05
面；　公分
POD 版
ISBN 978-626-394-211-0(平裝)
1.CST: 自我實現 2.CST: 成功法
177.2　　113004528

目標追逐者，提升個人競爭力的策略與行動：耐心與逆境中的生存法則，適時釋放壓力，教你如何從脆弱走向堅強

臉書

編　　　著：邢春如，王曉茵
發 行 人：黃振庭
出 版 者：崧燁文化事業有限公司
發 行 者：崧燁文化事業有限公司
E - m a i l：sonbookservice@gmail.com
粉 絲 頁：https://www.facebook.com/sonbookss/
網　　　址：https://sonbook.net/
地　　　址：台北市中正區重慶南路一段六十一號八樓 815 室
Rm. 815, 8F., No.61, Sec. 1, Chongqing S. Rd., Zhongzheng Dist., Taipei City 100, Taiwan
電　　　話：(02) 2370-3310　　傳　　真：(02) 2388-1990
印　　　刷：京峯數位服務有限公司
律師顧問：廣華律師事務所 張珮琦律師

定　　　價：350 元
發行日期：2024 年 05 月第一版
◎本書以 POD 印製

獨家贈品

親愛的讀者歡迎您選購到您喜愛的書，為了感謝您，我們提供了一份禮品，爽讀 app 的電子書無償使用三個月，近萬本書免費提供您享受閱讀的樂趣。

ios 系統

安卓系統

讀者贈品

請先依照自己的手機型號掃描安裝 APP 註冊，再掃描「讀者贈品」，複製優惠碼至 APP 內兌換

優惠碼（兌換期限 2025/12/30）
READERKUTRA86NWK

爽讀 APP

- 📖 多元書種、萬卷書籍，電子書飽讀服務引領閱讀新浪潮！
- 🎧 AI 語音助您閱讀，萬本好書任您挑選
- 🔍 領取限時優惠碼，三個月沉浸在書海中
- 🔔 固定月費無限暢讀，輕鬆打造專屬閱讀時光

不用留下個人資料，只需行動電話認證，不會有任何騷擾或詐騙電話。